「好き」を仕事にする働き方

東京下町のクリエイティブな起業

イッサイガッサイ東東京モノづくりHUB

はじめに

　東京都の東側、東東京と呼ばれる地区は、古くから職人や製造業者が多く、ものづくりの街として栄えてきました。台東区の皮革製品や墨田区のニットなど、先代から続いているものづくりの企業が多いのも特徴です。

　そんな東東京で近年、ものづくりや場づくりで起業する方々が増えてきました。アトリエ兼店舗を構えたり、カフェやゲストハウスを始めたり、街全体に新しい動きが起こってきています。

　東東京は、東京の西側と比べて家賃が安いこと、リノベーション可能な古い物件が多いこと、地元の人々の面倒見がよいことなど、事業を始めやすいことも影響しているかもしれません。規模は大きくなくても、好きなことで起業し、クリエイティブに働く人が増えている気がします。

　この本は、東東京の創業を支援する「東東京モノづくりHUB」のインタビュー記事をもとに、起業の体験談をまとめたものです。業種も働き方も様々ですが、心に響くストーリーがきっとあるはず。好きなことを仕事にしたい方、自分にあった働き方を探している方にぜひ読んでいただきたい一冊です。

目次

HELLO, EAST TOKYO
東東京の風景 … P. 6

東東京で起業した16組の
インタビュー

Category 1
Space：人が集まる場をつくる

01 HAGISO　台東区・谷中／複合施設 … P. 12

02 Nui.　台東区・蔵前／ゲストハウス … P. 18

03 muumuu coffee　墨田区・曳舟／カフェ … P. 24

Category 2
Product：ものづくりで起業する

04 アッシュコンセプト　台東区・蔵前／デザインプロダクト … P. 30

05 MAITO　台東区・蔵前／草木染め雑貨 … P. 36

06 RENDO　台東区・浅草／紳士靴 … P. 42

07 Kanmi.　台東区・浅草／皮革雑貨 … P. 48

08 リアライズ　台東区・御徒町／缶バッジ・グッズ製作 … P. 54

Category 3
Local Industry ：地域産業を継承する

09 カキモリ　台東区・蔵前／文具　… P. 60
10 anima garage　荒川区・町屋／電気工事・インテリア　… P. 66
11 GLASS-LAB　江東区・清澄白河／硝子加工　… P. 72
12 MERI　墨田区・両国／ニット加工　… P. 78

Category 4
Contents ：コンテンツを編集する

13 リトルトーキョー　江東区・清澄白河／事務所、飲食、イベント　… P. 84
14 Readin' Writin'　台東区・田原町／書店　… P. 90
15 センジュ出版　足立区・北千住／出版社　… P. 96
16 LIG　台東区・上野御徒町／ウェブ制作　… P. 102

STARTUP GUIDE BOOK IN EAST TOKYO
東東京で起業するためのガイドブック … P. 107

① イッサイガッサイ・メンバーが語る東東京 … P. 108
② 創業支援施設・シェアオフィス … P. 114
③ シェアスペース … P. 120
④ 創業支援相談窓口 … P. 122
⑤ 創業支援ウェブサイト … P. 122
⑥ 地域産業を知ることができるイベント … P. 123
⑦ 東東京MAP … P. 124
⑧ イッサイガッサイについて … P. 126

※本書の内容は、イッサイガッサイ東東京モノづくりHUBのウェブサイトに掲載された記事をもとにしています。
掲載情報は2018年9月現在のものです。最新情報は各ウェブサイトでご確認ください。

HELLO, EAST TOKYO
東東京の風景

蔵前
― KURAMAE ―

おしゃれな雑貨や、
コーヒーの店舗が増え、
街歩きも楽しい

カキモリ … P. 60

HELLO, EAST TOKYO

RENDO … P.42

浅草
― ASAKUSA ―

観光地として有名だが、
皮革製の靴や雑貨の
産地でもある

muumuu coffee … P. 24

曳舟
— HIKIFUNE —

古くからの商店街や
コミュニティが残る
アットホームな街

HELLO, EAST TOKYO

清澄白河
— KIYOSUMI-SHIRAKAWA —

有名なコーヒー店や
美術館、ギャラリーが並ぶ
注目のエリア

GLASS-LAB … P. 72

東東京で
起業した16組の
インタビュー

ゲストハウス、カフェ、ものづくりなど、
様々な分野で起業した方々のストーリーを
4つのカテゴリーに分けて紹介しています。▶

Category 1

Space
人が集まる場をつくる

Category 2

Product
ものづくりで起業する

Category 3

Local Industry
地域産業を継承する

Category 4

Contents
コンテンツを編集する

Category 1

▶ Space
人が集まる場をつくる

01 ▶ 台東区・谷中
▶ 複合施設　　　| HAGISO |　…P. 12

02 ▶ 台東区・蔵前
▶ ゲストハウス　| Nui. |　…P. 18

03 ▶ 墨田区・曳舟
▶ カフェ　　　　| muumuu coffee |　…P. 24

浅草などの観光地が近く、空港からのアクセスもよいため、観光客が利用しやすい東東京。
最近ではゲストハウスやカフェも増え、観光客だけでなく、地元住民も集まり、
人々が交流する場が生まれています。古い物件を自分たちのセンスでリノベーションし、
人が集まる場所をつくった3組の取り組みを紹介します。▶

Space 01 ▶ 台東区・谷中 ▶ 複合施設

HAGISO

そこにあるものを受け継ぐために、稼ぐ仕組みを考える

株式会社HAGI STUDIO　代表　宮崎 晃吉さん　Mitsuyoshi Miyazaki

東東京エリアが好きな方の中には、下町情緒あふれる街並みや、趣ある木造建築に魅力を感じている人も多いと思います。しかし、古い建物はいつの間にか取り壊され、マンションや駐車場に変わってしまうことも。そこに一抹の寂しさを感じるなら、もしかしたらそれはビジネスチャンスなのかもしれません。

一級建築士事務所「HAGI STUDIO」代表の宮崎晃吉さんは、取り壊しが決まっていた谷中の木造建築を、カフェやギャラリーが入った複合施設「HAGISO」として生まれ変わらせました。宮崎さんの試みは話題となり、街に新たな人の流れをつくっています。創業の経緯やこれまでの軌跡を教えてもらいましょう。▶

| HAGISO | 台東区・谷中 | 複合施設 |

木賃アパートを改修、カフェや宿泊で収益を上げる

▶ まずは、現在の事業概要を教えてください。

1955年に建てられた2階建ての木造アパート「萩荘」をリノベーションし、最小文化複合施設「HAGISO」として運営しています。1階にはギャラリーとカフェ、2階には事務所と雑貨店、そしてHAGISOから歩いて3分の場所にあるホテル「hanare」のレセプションを置いています。

hanareは街全体をひとつのホテルに見立てた宿泊施設です。宿泊室は街の中、大浴場は街の銭湯、レストランは街のおいしい飲食店、お土産屋さんは商店街や路地に店を構える雑貨屋さん。宿泊客にはオリジナルのマップをお渡ししていて、「熱い湯がお好きならこの銭湯がおすすめです」「帰りに立ち寄るならこの店がおいしいですよ」などとお伝えしています。

▶ どういう経緯で創業されたのですか？

2011年の東日本大震災を受け、萩荘の解体が決まったことがきっかけです。

僕は東京藝術大学の学生だった頃に萩荘に住み始め、5年暮らしていました。解体には納得していましたが、思い入れもあったので「最後にイベントをさせてください」と大家

HAGISOの1階にある「HAGI CAFE」。

01 Space

昔の萩荘の看板をそのまま残した室内。

さんにお願いし、「ハギエンナーレ」という"建物のお葬式"を開催しました。入居者や関係者が建物全体を使って好き放題に作品を展示するというものです。これが予想以上に好評で、3週間で1500人が来場してくれました。

その様子を見ているうちに僕らも「この場所は化けるんじゃないか」と思ったし、大家さんも可能性を見出してくれました。「このまま壊すのはもったいない、直して使おう」と。でも、お金をかけて修復するからには、きちんと収益を上げる仕組みが必要です。「誰かに任せるよりは自分でやろう」と考え、HAGISOを始めました。

▶ 創業にあたって受けた支援はありますか？
助成金などは活用されたのでしょうか。

助成金には頼らず、銀行からの融資プラス自己資金で始めました。自己資金といっても貯金がなかったので、親族から借りて。

スタートアップ時に助成金を活用することは悪いことではないと思いますが、長く頼れるものではないし、細々とした制約にしばられたくなかったんです。いろいろと書類を書かなければいけないし、そこに労力をかけるよりは違うところにリソースをさこうと思いました。

かわりに実施したのがクラウドファンディ

ングです。映像・音響設備を整えるための費用を集めました。でも、お金を集めるためというより、立ち上げ時のファン、仲間を集めるための意味合いが大きかったですね。そこから長く通ってくれるようになった人もいますし、やってよかったと思っています。うちでは今も玄関やウェブサイト上に、出資してくださった方の名前を掲示しています。

「ここでしか提供できない価値」を突き詰める

▶ 事業を成長させていく上で大事にしていることはありますか？

「ここでしか提供できない価値はなんだろう」と突き詰めて考えることですね。万人に受けなくてもいい、コンセプトに共感してくれる人に届けようと割り切る。

hanareの場合でいうと、トイレが共同だったり、レストランが館内になかったり、お風呂はあるものの銭湯に行くことをすすめていたりと、普通のホテルにあるようなものがないんですが、そのかわり僕らにしか提供できないものがあるんです。

例えば、マップやオリジナルの手ぬぐいを持っていくと、銭湯で話しかけられたり、優しく接してもらえたりする。旅先で思い出に残るのってそういう経験だと思うんです。そういう機会をどれだけ多くつくっていけるかを大事にしていますね。

01 Space

HAGISOの2階、hanareのレセプション。

レセプションに併設するホテルショップ。

▶ 地元の人からはどんな風に受け入れられているんでしょうか。

HAGISOを始めるとき、地元の人から「ここでは3年やらないと認識してもらえないよ」と言われたんです。歴史ある街だから、3年経ってやっと「そろそろ行ってみるか」と思われるようになる、と。

実際、その通りだったなと思います。創業から3年経って地元の常連さんが増えてきた。この前、初めて地元のお店からお歳暮をいただいたんですよ。それはうれしかったですね。

▶ 東東京で創業したい人へ向けたメッセージやアドバイスをお願いします。

戦争やオリンピックを経て東京の中心は西側にシフトしましたが、それまでは東側にあったわけですよね。その頃培われた財産、建築だったり街並みだったり文化だったり、というものがまだ残っています。

すごく奥行きがあって面白いけれど、そんなに評価されていない。それってチャンスですよね。そういったものにどう自分なりに接続していくか、再定義していくかという楽しさが、東東京にはあるんじゃないでしょうか。

▶ 古いものに新しい意味を与え、経済的な価値を生むことで残していく。そういうビジネスですね。

別に、古い街並みを残すことに固執しているわけではありません。でも、ただ壊して新しい建物を建ててしまったら、何も積み重なっていかないんじゃないか、記憶喪失のような街になってしまうんじゃないか、と思うんですよ。だってそれは、ひるがえって考えると、自分たちが今行っていることもいつかゼロにされてしまうということでしょう。過去を大事にすることは、実は自分たちのためでもある。そう考えています。

HAGISO（ハギソウ）　東京都台東区谷中3-10-25　http://hagiso.jp

カフェ「HAGI CAFE」、ギャラリー「HAGI ART」、レンタルスペース「HAGI ROOM」、ホテルのレセプション＆ショップ「hanare」、設計事務所「HAGI STUDIO」で構成された「最小文化複合施設」。ギャラリーでは若手アーティストの個展やHAGISOがキュレーションした展示が月替わりで開催されている。2013年3月オープン。

hanare（ハナレ）：谷中の街全体をホテルと見立てた宿泊施設。レセプションはHAGISOの2階に、宿泊棟はHAGISOから歩いて3分の距離にある。宿泊棟は築50年の建物をリノベーションして活用。2015年11月オープン。東京都台東区谷中3-10-25　http://hanare.hagiso.jp

Space
02
▶ 台東区・蔵前
▶ ゲストハウス

Nui.

ゲストハウスブームの火付け役、"東東京での設立"にこめた旅行者への想いとは？

株式会社Backpackers' Japan ｜ 執行責任者／COO **宮嶌 智子**さん　Tomoko Miyajima

東京と京都で4つのゲストハウスを展開する「Backpackers' Japan」。
2010年2月、同じ1985年生まれの4人が集まって設立した同社は、
旅人を包み込むような居心地の良い空間と細やかなサービスでファンを増やし、
90名近いスタッフを抱えるまでに成長しました。

この成功は、若さを武器にした熱い想いだけでなく、確かなビジネス感覚と入念な準備、
時を経てもブレないコンセプトなど、様々な要素によって支えられています。
設立から9年目を迎え、彼らはどんな未来を見ているのか？
立ち上げメンバーのひとりでもある宮嶌智子さんにうかがいました。▶

| Nui. | 台東区・蔵前 | ゲストハウス |

可能性を煮詰めて見えてきた「ゲストハウス」という答え

▶ ゲストハウスブームの火付け役とも呼ばれる存在になりましたが、その夢は以前からあったのでしょうか?

　実は、最初からゲストハウスをやると決まっていたわけではないのです。もともとは、代表の本間貴裕が「好きなやつらと好きなことがしたい」と他のメンバーに声をかけたことがきっかけです。
　本腰を入れて事業をやると決心してからは、4人で暮らしながら、どんな事業にするか毎晩のように話し合いを重ねました。「旅の文化を広めたい」という当初からの思いを発展させていった結果、最終的に行き着いたのがゲストハウス事業だったのです。
　事業プランの立案と並行して、フランチャイズ展開する鯛焼き屋を4名それぞれが運営して事業資金を貯め、1号店「ゲストハウスtoco.」(台東区入谷)を足がかりに、スケールアップした2号店「Nui. HOSTEL & BAR LOUNGE」(台東区蔵前)をオープンさせました。

▶ 20代、4名で起業されたということで、難しさなどはなかったのでしょうか?

　私自身も新卒で入社したばかりの会社を辞

02 Space

めての挑戦でしたから、周囲からは「そんなに甘くない」、「うまくいくのか？」という声もありました。でも今になって思うのは、丸8年にわたって経営を経験しても、まだ30代前半。まったく新しいことにでさえ挑戦できる年齢だと思いますから、若いうちに起業して本当によかったなと思います。

　起業から今まで続けられた理由のひとつは、起業メンバー4名が横並びではなかったからだと思います。あくまで代表の本間が描くビジョンを共有して、その理想形を目指していくことが私たちの役割です。もちろん、シビアな経営判断が求められる場面ではケンカもしましたが、お互いを信頼していますし、最終的に決めるのは代表という構造も明確なので、創業メンバーが多いということが障害になることはありませんでしたね。

「東東京で荷物を下ろしたい」旅人の気持ちに応える

▶ **ゲストハウスをスタートさせるにあたって、どのような事前調査をしたのでしょうか？**

　toco.をオープンする前には、世界中を回って様々な宿に泊まり、そこで旅人がどんな気

古民家をリノベーションしたtoco.（台東区入谷）。バーラウンジは、宿泊者だけでなく、近所の人も気軽に立ち寄れる。

| Nui. | 台東区・蔵前 | ゲストハウス |

週末にはライブイベントなども頻繁に開催する蔵前の「Nui.」。外国人も多く、異国に来た雰囲気を味わえる。

持ちで宿に泊まるのか、どんなサービスを受けたらうれしいのかを自分の肌で感じました。

toco.とNui.をそれぞれ入谷と蔵前にオープンさせたのも、大きなバッグを抱えて来日した旅行者は、一刻でも早く宿に荷物を下ろしたいはずだと思ったからです。成田・羽田からのアクセスがよい東京は、空港と観光地をつなぐハブ的な役割を担える場所なんです。

▶ 旅人目線のサービスは、その立地の選定から始まっているんですね。その他サービスではどのような点にこだわっていますか？

ゲストハウスの大きさによって提供すべきサービスは違いますが、ゲストの名前を覚えて「今日どこへ行くの？」、「分からないことはない？」とさりげなく聞くようにしています。自分のことを知っているスタッフがいるというのは、旅人にとってはとても心強いことです。家に帰ってきたときのような空気をつくろうと思ったのも、世界一周で得た実感からです。

私たちにしかできないサービス、私たちがやる意味がある事業に、こだわっていこうと思っています。

02　Space

> 自分たちにしか
> できないことにこだわり、
> ゴールは常に変わっていく

▶ 急速に成長を続けていますが、課題もあるのでは？

現在は総勢90名近いスタッフがいますが、その規模によってあるべき会社の構造がまったく違うはずです。スタッフのやりがいをかなえ、その家族を養うための給料をきちんと生み出すために、つねに危機感を持って組織構造や社内制度を修正しなければいけないと思っています。

まだまだ試行錯誤の最中ですが、サービスマニュアルの作成、評価制度や出退勤管理システムの導入など、必要に応じて変えるように意識してきました。一方で、4号店として2017年3月に東日本橋にオープンした「CITAN」では、音楽イベントをレギュラー化し、飲食メニューを充実させるなど、チャレンジングなこともやっています。つねに私たちらしいエッジを効かせながら、攻めと守りを忘れないようにやっていきたいですね。

▶ 今後どのような展開があるのか、ワクワクしますね。事業としてゴールはあるのでしょうか？

実は、今はビジネスのゴールはないんです。もともと複数店舗を展開することは考えていましたが、このまま5号店、6号店を日本で展開するかどうかも分かりません。1号店のtoco.から2号店のNui.で収容人数が4倍になり、その2年後に3号店（Len）を京都に出していくなかで景色がどんどん変わっていきました。CITANは130人収容規模のゲストハウスですから、また見える景色が変わっていくと思います。その景色を見て、代表が何を思い、どこへ向かおうとするのか、それ次第でゴールも変わってきます。でも、これだけゲストハウスが増えているなかで、「私たちだからできること」を探していかなければ継続も難しいですから、慎重な判断が必要だと思います。

今後もいろいろな可能性があると思いますが、「あらゆる境界線を越えて、人々が集える場所を。」というコンセプトだけはつねに忘れず、私たちだからこそ提供できるサービスを追求し続けていきたいですね。

| | Nui. | 台東区・蔵前 | ゲストハウス |

東京以外で初の出店となった京都・河原町の「Len」。

株式会社Backpackers' Japan

東京都台東区蔵前2-14-13 (Nui. HOSTEL & BAR LOUNGE)
https://backpackersjapan.co.jp/nuihostel

「あらゆる境界線を越えて、人々が集える場所を。」をコンセプトにゲストハウスを展開。入谷のゲストハウスtoco.、蔵前のNui. HOSTEL & BAR LOUNGE、京都・河原町のLenに続き、2017年3月には、東日本橋に130名規模の宿泊が可能なCITANをオープン。宿泊以外にも食や音楽を上手に取り入れた空間と時間は、世界中のバックパッカーを魅了している。

Space
03
▶ 墨田区・曳舟
▶ カフェ

muumuu coffee

予算100万円で創業するには?
店主に聞く、ミニマム創業の秘訣

| muumuu coffee | 店主 灰谷 歩さん　Ayumu Haitani |

お店を始めるには、どのくらいの予算が必要なんだろう?
開店できても、維持していけるか心配……。
そう考えて、創業に踏み出せない人も多いかもしれません。

今回お話を聞いたのは、2013年に墨田区・京島で
カフェスタンド「muumuu coffee（ムームーコーヒー）」を
立ち上げた灰谷歩さん。
創業時の予算は、なんと100万円未満だったといいます。

2017年に、2軒目の店舗である
「halahelu（ハラヘル）」を立ち上げた灰谷さんに、
「ミニマム創業」を成功させる秘訣をお聞きしました。▶

ハンドドリップでコーヒーを提供している。店内にはコーヒー豆の焙煎機も。

| muumuu coffee | 墨田区・曳舟 | カフェ |

同じ通りに2軒の店舗を構える

▶ muumuu coffee（ムームーコーヒー）と
halahelu（ハラヘル）の関係について教えて
ください。

2013年4月に、4軒長屋の一画を改装し、
友人と一緒にカフェスタンドを始めました。
友人の屋号が「サテライトキッチン」、僕の
屋号が「ムームーコーヒー」。同じ店内に、2
つの店が入っている形だったんです。

2017年4月、その長屋と同じ通りにある
物件を借りて、「ハラヘル」というシェアカ
フェをオープンしました。場所の名前が「ハ
ラヘル」で、そのなかに「ムームーコーヒー」
が入居しているという位置づけですね。

▶ 現在は、長屋とハラヘルの両方で、ムームー
コーヒーを運営しているのでしょうか？

いいえ。当初は、1人で2軒やろうと考え
ていたんです。同じ通りにあるし、曜日を分
ければ2つの店を行き来できるんじゃないか
と思っていました。でも、いざ始めてみたら
難しかった。2つの店に同じ機材をそろえら
れず、ハラヘルだとエスプレッソが淹れられ
ないなど、穴が見えてきたんです。

1年弱続けて、1店舗に集中したほうがい
いと判断したので、長屋のほうはサテライト
キッチンが単独で続けることになり、僕は、
ハラヘルに完全移転しました。

▶ ハラヘルはシェアカフェということですが、
ムームーコーヒーのほかにどのような店舗が
入っていますか？

今は、「帆帆魯肉飯（ファンファンルーロー
ハン）」という台湾料理の店や、「もこや」と
いう創作和食の店、「BAR MIKAN（バー・
ミカン）」という日本酒バーなどが入ってい
ます。曜日を決めて毎週開店している人もい
るし、月1で開店している人もいますね。ほ
かにも、「時間が空いたら開店します」とい
うフレキシブルなメンバーもいます。

メルボルン生活を
日本でも実現したい！

▶ 2013年に1軒目を立ち上げる前、灰谷さ
んは何をされていたんですか？

2009年から2011年まで、ワーキングホリ
デーでオーストラリアのメルボルンに行って
いました。向こうにいるときにバリスタに興
味を持ち、帰国してから都内のコーヒー専門
店でアルバイトを始めたんです。

▶ バリスタになりたいと思ったきっかけは？

バリスタになりたいというよりも、メルボ
ルンのライフスタイルに共感を覚えたんです。
メルボルン生活を日本で実現する場合、どん
な仕事につけばいいか？　そう考えたときに、
バリスタという職業が思い浮かびました。メ

03 Space

ルボルンはコーヒーカルチャーの濃い街ですし、コーヒーについて勉強するにはぴったりだと考えたんです。数週間くらいでカリキュラムを終えられる現地の学校に入り、店でアルバイトを始めました。

▶ 理想のライフスタイルがあり、それを実現するためにバリスタという職業を選んだんですね。灰谷さんが思い描く「メルボルン生活」って、具体的にどのような生活なのでしょうか？

そもそもワーキングホリデーに行ったのは、向こうで暮らしながら音楽活動をするのが目的でした。そのため、僕がメルボルンで知り合った人は、ミュージシャンが多かったんです。みんな、仕事して、家に帰って夕飯を食べてからライブに行くんですよ。日本にいたときは、半休か休みを取って、お昼からリハーサルに行って……というのが普通だと思っていたので、「こういうライフスタイルも可能なんだ」と驚きましたね。

お金がなければ自分でやればいい

▶ ところで、1軒目を立ち上げたときの予算が100万円程度だったとお聞きしましたが……。

1軒目を立ち上げたとき、計画的に創業したわけではなかったんです。長屋の大家さん

内装はDIYで行い、専門的な知識が必要な電気・ガス・水道工事はプロに任せた。

からたまたま話をいただき、そのときの経済状況でギリギリ回していけそうだと判断したので、「とりあえずやってみようかな」という感じでした。

バンドマンって、お金がないなかでどうやって音楽活動をしていくかを模索している人が多いと思うんですよ。だから、DIY精神がやたら高いんですよ（笑）。一緒に店を立ち上げた友人もバンドマンなので、「お金がないなら自分たちの手で何とかしよう」という話になりました。知り合いから古道具を安く譲ってもらったり、リノベーションのための道具を貸してもらったり。そういった協力のおかげで、時間はかかりましたが、低予算で創業することができました。

▶ 1軒目のときは、どこまでリノベーションしたんですか？

半年ほど前まで人が住んでいた物件だったので、なかはきれいで、住むには問題ない状態でした。店舗内装向けに壁を建てたり、塗ったりがメインの作業だったのですが、天井を抜いて梁がむき出しになっている友達のお店

| muumuu coffee | 墨田区・曳舟 | カフェ |

を見て、どうしても天井を抜きたくなってしまって。天井を抜く作業を増やしてしまい、そのあとの処理もけっこう大変でしたね。着工からオープンまで、だいたい2か月半くらいかかりました。

▶ ハラヘルも全面的にリノベーションしたそうですね。長屋での営業を続けながら、ハラヘルの準備を始めたんですか？

そうです。週6日はムームーコーヒーで働いて、残りの1日の休みをハラヘルの作業日にしていました。そのスケジュールで半年間やっていたんですけど、作業がまったく進みませんでした。なので、途中からは4日間営業して、残りの3日間を作業にあてるように切り替えましたね。営業を一旦休んで、一気に作業できればよかったんですが……。ハラヘルを始めたときも、お金が全然なかったので（笑）。次の週の材料を買うために働かなくちゃいけなかったんです。結局、1年1か月ほどかけて、ハラヘルを完成させました。

そう考えると、どこまで自分でやるべきかを見極める必要もあるんでしょうね。お金を払って作業してもらえば、その分、時間を使えますから。ただ、僕の場合は作業工程も好きだし、イメージどおりの店をつくりたかったので、自分の手でとにかくやれるだけリノベするほうを選びました。というか、お金がなかったので、選択肢はなかったのですけど。

面白くなっていくことをやっていきたい

▶ 毎月のランニングコストはいくらくらいかかっているのでしょう？

これは、僕が店を維持していくための秘訣なんですが……。収入と支出の記録はしていますが、あまり見ないようにしてます。ダメ

1. 知り合いに描いてもらった絵や植物などが並ぶ、居心地のよい空間。2. 地元の知り合いや大家さんに恵まれていると話す灰谷さん。コミュニティとのつながりを大事にしている。

03 Space | muumuu coffee | 墨田区・曳舟 | カフェ

なとき、つらくならないので。ビジネス的ではないですが、健康にはいいです。なので、はっきりわかりませんが、感覚的には月15〜20万くらいかな？ もっと小さく回していくこともできると思いますよ。

▶ お店を続けていくことに不安を感じることはありますか？

不安はまったくないですね。それは、大家さんが、店を始めやすい、続けやすい契約条件を設定してくれたこと、あと、僕のやり方を応援してくれている人も多いからだと思います。とにかく長く続けてほしいというのが大家さんの考えで、更新料もありません。更新のタイミングがくると、このまま続けるか、ここを出て行くか、考えるきっかけになってしまうので。そういう考えを持った大家さんたちに出会えたのは、幸運でしたね。そういう出会いがあれば、自分で店をやってみようという人が、もっと増えるんじゃないかな。

▶ 最後に、東東京で創業するメリットを教えてください。

奥にあるゆったりとしたテーブル席。右手のドーム状に張り出したトイレも自作した。

西東京よりは安く借りられ、古い建物を改装して自分のスペースをつくることができるケースがまだあること。初期費用はかかるかもしれませんが、ランニングコストを抑えて、長く続けやすい環境にできることがメリットではないでしょうか。僕はビジネス的に大きくしていくことには興味と勇気がないので、それよりも自分と自分のまわり、コミュニティが面白くなっていくことをやっていきたい。余裕のある時間や気持ちはそこに向かいたい。創業の考え方は人それぞれですが、僕のようにコミュニティやライフスタイル重視の考えの方にとって、東東京はいい所だと思いますよ。

---

muumuu coffee（ムームーコーヒー）
halahelu（ハラヘル）

東京都墨田区京島3-50-14　http://muumuucoffee.moo.jp
https://www.facebook.com/halahelu

2013年4月、墨田区・京島にカフェスタンド「ムームーコーヒー」をオープン。2017年4月、同じ通りにシェアカフェ「ハラヘル」を構え、2018年にムームーコーヒーを完全移転。ハラヘルには現在、ムームーコーヒーのほか、台湾料理店や創作和食店など、複数の店舗が入り、交代で営業している。

Category 2

Product
ものづくりで起業する

04	台東区・蔵前 デザインプロダクト	アッシュコンセプト	… P. 30
05	台東区・蔵前 草木染め雑貨	MAITO	… P. 36
06	台東区・浅草 紳士靴	RENDO	… P. 42
07	台東区・浅草 皮革雑貨	Kanmi.	… P. 48
08	台東区・御徒町 缶バッジ・グッズ製作	リアライズ	… P. 54

江戸時代から続くものづくりの街として栄えてきた東東京には職人が支えてきた伝統と文化があります。
台東区では皮革製品の製造など、それぞれの地域に根ざした産業があり、
今も多くの方々が様々な製造業に従事しています。
地元で材料や加工技術を調達しやすい東東京はものづくりに適した場所ともいえるでしょう。
そんなものづくりの街で起業した5組を紹介します。

Product

04

▶ 台東区・蔵前
▶ デザインプロダクト

アッシュ
コンセプト

| アッシュコンセプト | 台東区・蔵前 | デザインプロダクト |

つくる人も、使う人も。関わる人を幸せにする アッシュコンセプトの「デザイン思考」

| アッシュコンセプト株式会社 | 代表取締役 名児耶 秀美さん Hideyoshi Nagoya |

動物型のシリコーン輪ゴムや、雨の日の水はねをイメージした傘立て、カップ麺のふたを様々な
ポーズで押さえる人型のフィギュア――。蔵前にあるショップ「KONCENT（コンセント）」には、
生活の中で感じるちょっとした不便をユニークなアイデアで解決してくれる
生活用品がずらりと並んでいます。

同店を運営する「h concept（アッシュコンセプト）」は、自社ブランドの企画・販売や、
ものづくりをする企業・産地のデザインコンサルティングを手がける会社です。
オリジナルブランドの「+d（プラスディー）」をはじめ、企業や墨田区とのコラボレーション、
産地と一緒につくっているプロダクトなど、これまでに150名を超えるデザイナー、
100社を超えるメーカーと、多数の製品を生み出してきました。

アッシュコンセプトを立ち上げたのは、「デザイナーを元気にしたいと思ったから」と名児耶秀美社長。
「つくり手を応援する」という事業構想が生まれた背景とは？ 名児耶社長にお話をうかがいました。▶

プロダクトデザイナーを 応援するために会社をつくった

▶ 創業のきっかけについてお聞かせください。

まず、僕の実家の話から始めましょう。実
家は墨田区に拠点を構える家庭用品メーカー
のマーナという会社です。「ブタの落としぶ
た」などの製品が有名ですね。僕は1984年
に高島屋の宣伝部を退職し、マーナに入社し

ました。その頃のマーナの製品は、品質は優
れていたものの、デザイン力が弱かった。そ
こで、デザインスタッフを増員するなどして、
製品を改革していったんです。

たくさんのプロダクトデザイナーに助けら
れたおかげで売り上げは約10倍に。その成
果から、彼らの名前をもっと前面に出しても
いいのではと提案しましたが、社内での理解
が得られませんでした。それならば自分で"デ
ザイナーを元気にする"事業を興そうと考え、
2002年に「アッシュコンセプト」を立ち上
げたんです。

04 Product

▶ 企業名の頭文字である「h」にはどのような思いがこめられていますか。

創業を決めたときに、happyやhello、hahahaなど「h」で始まる言葉を大事にする会社をつくりたいと考えました。フランス語読みの「アッシュ」にしたのは、フランス語には単語の頭に付く「h」を発音しないというルールがあるから。僕らはデザイナーや産地など、いろいろな人を応援する黒子でいいという思いをこめました。

デザイン=思いやりを持って
ものをつくること

▶ 創業後、まず初めにどのようなことに取り組みましたか?

デザイナーの名前と顔とメッセージを世界に届けるブランド「+d」を立ち上げました。このブランドで初めてつくったのが、動物型のシリコーン輪ゴム「アニマルラバーバンド」です。通常、輪ゴムは使い捨てることが多いですが、動物の形にしただけで大事に使うようになります。優れたデザインには、意図する方向にユーザーを導く力があるんですね。この商品を最初にお披露目したのは、ニューヨークの小さな展示会でした。そこでニューヨーク近代美術館(MoMA)のバイヤーに発見してもらい、MoMAで販売することが決まると、日本のバイヤーが次々買ってくれるようになりました。営業の仕方で商品の広がり方も変わるという事例です。私はこれを「営業のデザイン」と呼んでいます。

▶ 形をつくることだけがデザインではないのですね。

デザインの本質は、使う人のことを考えて、思いやりを持ってものをつくることです。だから私は「デザインの思考」を持って仕事をしようと、いつもスタッフに言っています。営業でも事務でも広報でも、デザインの思考を持って取り組めば、思いもよらない道がひらけることもある。

もちろん経営も同じです。例えば、お客様

| アッシュコンセプト | 台東区・蔵前 | デザインプロダクト |

動物型のシリコーン輪ゴム「アニマルラバーバンド」。

04 Product

1. 水たまりにできる水はねをイメージした傘立て「スプラッシュ」。2. 暮らしに"かぜ"を飾る風車のマグネット「カゼグルマ」。3. ヒット商品のひとつ「カオマル」。手でギュッと握ると表情が変わる。4. カップラーメンにお湯を注いだ後、ふたを押さえてくれる「カップメン」。

| アッシュコンセプト | 台東区・蔵前 | デザインプロダクト |

が少ないことは創業したての人の悩みのひとつですよね。多くのお客様に出会うためにはどうすればいいか？ 大事なのが、展示会に出展することです。3日間出展すると300〜400人ほどに出会える可能性があるからです。商品をどんなふうに見せれば興味を持ってもらえるか。デザイン次第で、より多くのお客様と知り合うことができるでしょう。

小さな数字の積み重ねが、経営を続けるための利益を生む

▶「デザインの思考」以外に創業者が心得ておくべきことはありますか。

創業したての頃は、固定費だけが出て行き苦しい時期が続きます。そのため3年以内に7割が廃業してしまいます。経営を続けるために必要なのは、計画経営をすること。実は私も毎年、詳細な計画書を作成しています。1店舗で売ってもらったら、計画してつくった売上、利益に対して、計画的に経費を使う。計画に沿ってきっちりやっていくと利益が出てきます。私が創業時に定めた目標の売上高は10年で10億。創業から15年を迎えた2016年にようやく達成することができました。ゆっくりと成長を楽しみます。

▶ 名児耶さんにとって、東東京は生まれ育った場所でもあります。これから創業する人に向けて、東東京の魅力を教えていただけますか。

台東区や墨田区には職人が多く、ものづくりをする人にとって便利な街です。例えば、革を扱う場合、なめしから加工まですべてこのエリアでそろってしまいます。2004年に台東デザイナーズビレッジがスタートしたあと、卒業生が蔵前周辺にアトリエやショップを構え始めました。それも、この街の便利さを知って好きになったからでしょうね。

蔵前が面白くなっているのは、創業した人たちが自ら行動しているから。活動的な人が多い街を拠点にするのは、創業を考えている人にとって得るものが大きいと思いますよ。

アッシュコンセプト　　東京都台東区蔵前2-4-5　http://h-concept.jp

「モノづくりを通して世の中を元気にする」をテーマに、オリジナルブランド「+d」の商品企画・販売や、ものづくりに取り組む企業・産地のデザインコンサルティングを手がける。自社で運営するショップ「KONCENT」は国内9店舗、海外3店舗（2018年9月現在）。そのほか、200以上のリアルショップやウェブショップで商品を展開している。

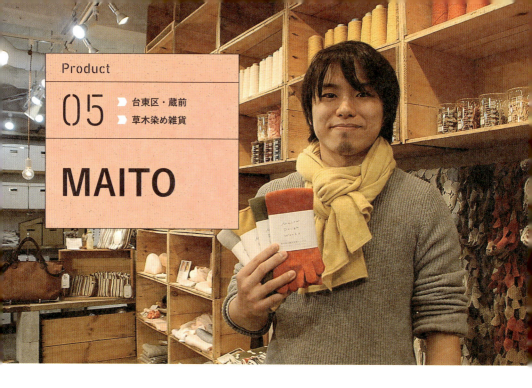

Product
05   ▶ 台東区・蔵前
     ▶ 草木染め雑貨

MAITO

草木染めブランドを支える
ものづくりの街の魅力

株式会社マイトデザインワークス　代表／染色家 **小室 真以人** さん　Maito Komuro

ユニークな企業やショップが続々と誕生する東東京のなかでも、
特に注目を集めている街のひとつが台東区蔵前。センスの光る店舗が点在するこの街で、
豊かな色合いと柔らかな風合いでひときわ目を引くお店があります。
それが、草木染めの染色工房を兼ねたアトリエショップ「MAITO蔵前本店」です。

ニット、シャツ、カットソー。それにスカーフや靴下、バッグなど小物の数々。
天然素材とメイドインジャパンをコンセプトにつくられた商品ラインナップは、
海外の観光客も魅了するほど。このお店を2012年に立ち上げ、草木染めブランド「MAITO/真糸」を
展開するのが、染色家の小室真以人（こむろ・まいと）さんです。

小室さんは、下町で生まれ育った生粋の江戸っ子……というわけではなく、
故郷は福岡で、本人曰く「めちゃくちゃ田舎の出身です」とのこと。
そんな彼が、創業の舞台として東東京を選んだ理由とは？　たっぷりお話をうかがいました。▶

| MAITO | 台東区・蔵前 | 草木染め雑貨 |

懐かしさと新しさが同居するMAITOの商品は、一点一点手染めで染められている。

「本物の色」をお客さんに直に見てほしい

▶ 草木染めブランド「MAITO/真糸」は、2008年に小室さんの地元、福岡でスタートしたとうかがっています。

　そうです。もともと父が草木染めを稼業にしていたので、父の工房で修業して技術を磨きつつ、夜内職をして自分のブランドを立ち上げたって感じです。その後、2010年に会社を設立し、台東区上野の高架下、ものづくり系の工房やショップをセレクトした商業施設「2k540」に初店舗をオープンしました。

▶ 東京ではなく、地元福岡で創業する道もあったのかな？と思うのですが。

　たしかに選択肢はいろいろありました。大学（東京藝術大学美術学部工芸科、2005年卒）が東京だったので東京のよさも分かるし、田舎にしかないよさも分かる。そう、"福岡"って市内はけっこう都会なんですけど、僕の地元は秋月という山に囲まれたすっごい田舎なんですよ。
　特に草木染めは植物を扱う仕事ですから、自然があふれていて、水がきれいで、という環境でしかできないこともたくさんある。ただ、染物ですから、僕らとしては日の光を反射した"本物の色"を、直にお客さんに見てもらいたいじゃないですか。それが山奥だと、

05 Product

わざわざ見に来てくれる人はどうしたって少ないんですね。

▶ 自信作ができても、そもそもお客さんがいないと。

だから、当初は自作した商品をクルマに詰め込んで、1人で東京まで行っていたんです。いろんなショップに「うちの商品を置かせてください」って、飛び込み営業でお願いして回っていました。

▶ 店舗を構える前に、商品の卸から始めたんですね。

いろいろなお店にご協力いただいて、少しずつMAITOを知るお客さんも増えていきました。そうなると今度は、お客さんがいつでもちゃんと商品を見られる場所を設けたいと思うようになったんですね。

で、ちょうどその頃に秋葉原と御徒町の間の高架下に「2k540」がオープンするという噂を聞いて。大学のキャンパスが近かったので土地勘はありましたから、人通りは正直そこそこだよなと。でも、素材や材料が必要になれば浅草橋や三筋も近いし、渋谷・原宿あたりにも山手線1本で行ける。ものづくりにはかなり便利な場所だというイメージが持てたので、「ここで勝負してみよう。お店をつくれば、今以上に商品の魅力を直接お客さんに届けられる」と出店を決めたんです。

什器はイチからDIY！
低予算で立ち上げた初店舗

▶ 店舗の立ち上げって、かなり予算がかかるイメージがあるのですか、小室さんはそのあたりいかがでした？

学生時代から貯金はしていましたけど、お店づくりにお金をかけるなら、商品づくりに費やしたいタイプなんですよね。だから、店舗用の什器とかは全部自分で図面を引いて、仲間にも協力してもらってDIYしました。内装費はその材料費くらいじゃないかな。

▶ なるほど、つくり手たるもの什器も自前でつくってしまえと。

工夫すれば、お金の面はなんとかなりますよ。東東京の場合、福岡市内より家賃が安いところがありますし。ただ、今思い返せば、自作した棚をいっぱいに満たすほど商品がなくて。スカスカすぎて、これでよくオープンしたなってレベルだったと思います（苦笑）。

商品の生産は地元福岡。職人さんと協力しながらひとつひとつ染め上げる。

| MAITO | 台東区・蔵前 | 草木染め雑貨 |

蔵前本店の店内。内装や什器も自分たちでつくった。

▶ **準備万端でオープン！というわけではなかったのですね。**

　正直、最初は怖かったです。お客さんが来てくれるかも分かりませんし。だから、自分のなかで期限を決めていました。「オープンから半年間売り上げが立たなかったら、お店を閉める。そして何がダメだったのか見つめ直して、お金もまた貯めて再出発しよう」と。

▶ **その覚悟が今につながっているわけですね。**

　何ごともやってみないと分からないですから、腹をくくるって大事だと思いますよ。それに、お店を持ったことでなんというか安心感が生まれたんですよね。商品は自分が頑張ればつくれますし、直営店なら、夏にウールを置いてもいいし、冬にTシャツがあってもいい。やり方・売り方は考えないといけませんが、この世にひとつだけの限定商品をつくるとか実験的なことも含めて、自由にものづくりができて、その評価を直に確認できる環境を得られたのは、自分にとって本当に大きかったです。

商売で育ってきた街は
人も地域も温かい

▶ **2012年には、同じ台東区の蔵前にアトリエショップもオープンされて、現在は草木染めのワークショップなども開催されているそうですね。**

05　Product

「ぜひ一度蔵前に足を運んでほしい」と話す小室さん。

　2k540に店舗を出したときも、「大学からずっと台東区だな」って笑ってたんですけど、なんか肌に合うし、好きなんですよね。それに、このエリアじゃなかったら、ブランド自体がこんなにうまくいってなかっただろうなとも思っていますし。

▶ **なぜそう思うのですか？**

　特に蔵前に来てから思うんですが、"人"と"場所"のフォローがめちゃくちゃ大きい。もともと商売で発展してきた街だからなのか、これから頑張ろうという新人もちゃんと受け入れてくれて、いろいろな情報を気がねなく共有してくれます。
　例えば、アトリエショップをオープンするときに、台東区の「アトリエ化支援事業」(＊)という助成金を活用したんですが、僕はこの制度をまったく知らず、詳しい方から、「あれが活用できるんじゃないかな」と教えていただいたんです。そういうまわりの方々のアドバイスに助けられることが本当に多いです。

▶ **特に創業期は、いろいろなバックアップが必要ですものね。**

　それに昔から色んなクリエイターが創業してきた前例があるから、地域の信用金庫さんとかも、ものづくりの事業に対して理解が深い。ありがたい環境が整っているから、ユニークなショップもどんどん増えていて、最近は外国や地方から「あのお店でチョコレートを食べたい」「自分だけのインクをつくりたくて」なんて、そのお店を目的にこの街に来る方も年々増えている印象です。

▶ **お店それぞれの魅力が、地域全体のブランド力を高めていると。**

　しかも、いいお店・いい人が集まっているので、お客さんが来ると「お食事なら向こうの通りに……」とか「革細工がお好きなら……」とか、近隣のお店を自然に紹介しあっているんですよね。本当にあったかくて面白い街です。

▶ **そんな東東京でこれから創業を検討している方にメッセージをいただけますか？**

　少しでも興味があれば、まずは一度地域に足を運んでみてほしいですね。いろいろなお店を巡って、実際の空気を感じた上で、この街をチャレンジの舞台に選んでもらえたらうれしいですね。

＊台東区が行っている助成金制度。店舗を「手づくり」による製造工程や「ものづくり」の現場をみることができるように改装する場合、その費用の一部を支援する事業。

| MAITO | 台東区・蔵前 | 草木染め雑貨 |

1. 奈良で編んだ草木染めレギンス。2. ジャガード織りの草木染めスカート。3. 桐生の草木染めレースマフラー。

マイトデザインワークス

東京都台東区蔵前4-14-12 1F（MAITO蔵前本店）
http://maitokomuro.com

大学で染織を学んだ小室真以人が2008年に自身のニットブランド「MAITO」をスタート。2010年に株式会社マイトデザインワークスを設立、台東区上野の2k540に直営店をオープン。2012年に台東区蔵前にアトリエショップをオープン。化学染料を一切使わずに草木染めだけで色を染め上げたニットやストール、バッグなどを提案する「MAITO」、日本のつくり手と天然素材にこだわり、ニットを中心に飽きのこないベーシックなアイテムを提案する「TONELAB.」を展開している。

Product 06

▶ 台東区・浅草
▶ 紳士靴

RENDO

履き心地のよさをお客様とつくっていく
RENDOが挑戦する、既成靴の新しい形

株式会社スタジオヨシミ 　代表取締役 **吉見 鉄平**さん　Teppei Yoshimi

150年近く続く革靴の生産地であり、製靴メーカーや、靴のパーツをつくる工場が
集積する奥浅草エリア。ひとつの地域で1足の靴が完成するのは、世界でも珍しいといわれています。
そんな奥浅草の一画に、男性用のドレスシューズを中心に展開する
ブランド「RENDO」（レンド）はあります。

RENDOの特徴は、既成靴でありながら、採寸や細かい調整を行うこと。
履く人の足にフィットさせていく独自のメソッドが、靴好きの男性たちから支持を集めています。

代表の吉見鉄平さんは、もともと靴のデザインを型紙に起こす「パタンナー」として
靴業界に携わってきました。技術職の時代は「あまりお客様のことを見ていなかった」と話す吉見さんが、
履く人の感覚を重視するようになったのはなぜでしょうか？浅草にある工房でお話をうかがいました。▶

- 42 -

いかに美しい靴をつくるかがすべてだった

▶ 最初に、靴の仕事を始めたきっかけを教えてください。

大学在学中に「靴の仕事をしたい」と思い、ロンドンに留学したのが始まりですね。「コードウェイナーズ・カレッジ」という製靴技術を教える学校で学び、帰国後に休学していた大学を卒業しました。その後、台東分校（東京都立城東職業能力開発センター台東分校）という職業訓練校で学び、卒業後は製靴メーカーに就職したんです。5年ほど働いた後、会社を辞めて再び渡航。海外で仕事をしてみたいという気持ちがあったんですが、結局、ビザの問題でかなわなくて……。帰国した後、技術職である靴のパタンナーとして独立しました。

▶ 技術職ということは、今みたいにお客様とやりとりする機会はなかったということですか？

そうですね。技術職一本で仕事をしていた当時は、どう履いてもらうかよりも、いかにきれいな靴をつくるかが重要だと考えていました。製品というよりも、どちらかといえば芸術品をつくっている感覚に近かったかな。お客様のことは、正直、あまり見ていなかったと思います。

▶ いつ頃から、自身のブランドを立ち上げようと考え始めたのでしょうか？

RENDOの内部。もともとは靴屋の倉庫だった場所を改装し、工房兼店舗に。

06 Product

独立して4年ほど経った頃、パタンナーの仕事以外に、OEM（メーカーから販売される靴の企画・製造）の依頼を受けるようになったのがきっかけですね。OEMの場合、靴の木型づくりから取り組む必要があるんです。木型づくりの知識はありましたが、実務経験がほとんどなかったので、自分がつくった木型が人の足にフィットするか分かりませんでした。そこで、ビスポーク・シューズをつくっている柳町弘之さんという方が主催する講座を受講し、2年間勉強することにしたんです。

▶ ビスポーク・シューズとは？

いわゆるオーダー靴のことです。柳町さんは、イギリスで製靴技術を学んだ職人さんで、とてもきれいな靴をつくる方なんです。

柳町さんの下で学んだことがきっかけとなり、依頼を待つだけでなく、自分のブランドを立ち上げたいという気持ちが高まっていきましたね。

既成靴とオーダー靴の中間があってもいい

▶ RENDOは既成靴のブランドですよね？オーダー靴のブランドを立ち上げようとは思わなかったんですか？

思いませんでした。僕は工場出身の職人なので、1足の靴を皆でつくり上げるのが、靴づくりの醍醐味だと思っているんです。それに、既成靴／オーダー靴だけでなく、その中間があってもいいとずっと感じていたんですね。柳町さんの下で学びながら、既成靴とオーダー靴の中間点を探るのが僕の仕事かもしれないと考えるようになっていきました。

▶ 既成靴とオーダー靴の中間点というのは、具体的に？

既成靴を購入するときは、ほとんどの人が、自分で把握しているサイズを選ぶと思います。でも、足より大きめの靴を履いている人が意外に多いんですよ。例えば、普段は26cmを履いているけど、採寸すると25cmということですね。そのためRENDOでは、お客様がいらしたら、まず足を採寸させていただき、

1. 奥の工房で靴の型紙を切る吉見さん。2. 型紙を木型にあわせている吉見さんと奥でミシンをかけているスタッフ。

靴をつくる工具と道具。保証人が不要な台東区の融資制度を利用して機材をそろえた。

独自のサイズ表に当てこんでいきます。

　たとえ採寸した結果が25cmであっても、普段26cmを履いている人に、いきなり小さいサイズをすすめることはできません。だから「今回は25.5cmでいってみましょう」と伝えて、少しずつ調整していくんですね。履き心地のよさを、お客様と一緒につくっていくのが、RENDOの特徴といえるでしょうか。

▶ 接客と靴づくりを並行するのは大変そうですが、ブランドを立ち上げた当時からスタッフを雇っていたのでしょうか？

　柳町さんの下で学んでいた当時、OEMの仕事が徐々に増えてきて、一人では手が足りないと感じ始めたんです。それで、知り合いに「ちょっと手伝ってもらえないかな？」と声をかけて、週4日の契約でパートとして入ってもらいました。

▶ 初めてスタッフを雇ったとき、ハードルは感じませんでしたか？

　やっぱり、不安はありましたよ。なので、当時4人スタッフを抱えていた柳町さんに相談したんです。そうしたら「最初の1〜2年だけ見たら多分マイナスでしかない。でも、できることの範囲は絶対に広がるし、もう少し長い目で見るといいんじゃない？」と言われました。「そこにチャレンジするのは、靴業界でずっと仕事をしている人間の義務だよね」とも。それを聞いて、自分もそうやって靴業界に育ててもらったんだなと実感できたんですよね。

06 Product

僕が最初に製靴メーカーに就職したとき、会社に余裕があったわけではなかったんです。でも「若い人が希望してくれたから」といって雇ってくださったんですね。そういう経験があったので、少し無理をしてでも、靴業界に貢献していかなければという気持ちは大きかったですね。

ブランドを続けていくために必要なこと

▶ 今の時代、ブランドを続けていくのはなかなか難しいと思います。吉見さんが考える「続けていくコツ」を教えてください。

自分のやり方に固執しないことでしょうか。台東分校で学んでいたときに、尊敬していた先生から、口をすっぱくして「仕事を始めたら『学校ではこう習った』なんて口が裂けても言うな」と言われていたんです。靴業界は、職人さんによってやり方が違いますし、学校で習ったことと正反対のことを現場で指示される場合もあります。どちらかが間違っているわけではなく、どちらも正しいことが、けっこうあるんですよね。

僕も最近、学生さんに靴の技術を教える機会があり「学校の先生は逆のことを言っていたんですけど……」とよく言われるんですよ。そういうときは「上野から渋谷に行こうとしたときに、山手線の外回りに乗っても内回りに乗っても、渋谷には着くよね。それ以外に銀座線で行く方法もある。靴づくりもそれと同じで、正解はひとつじゃないんだよ」と説明しています。

既製品のなかからお客様一人ひとりに合った靴を提案するのがRENDOのスタイル。

| RENDO | 台東区・浅草 | 紳士靴 |

製作途中の靴で説明する吉見さん。動物半頭から5足の靴ができるそう。

▶ 今後、ブランドを大きくしていくことは考えていますか？

　自分がつくった靴を多くの人に履いてもらいたいという感覚は、昔からありますね。浅草の店舗だけではブランドの認知が広がっていかないので、最近は地方での出張販売なども始めました。そういう努力をしても、ブランドを知ってもらうには限界があると思うんですよ。
　RENDOでは、今まで卸をやってきませんでしたが、ブランドの理念を共有できるパートナー店舗を探していくことが次の目標かなと考えています。今は、自社の店舗を増やして、利益率を高めていく会社のほうが多いので、時代の流れには逆行していますけどね。RENDOというブランド名は、日本語の「連動」が由来ですが、人と連動して仕事をするほうが、絶対に楽しいというのが僕の持論なんです。

▶ 東東京で創業するメリットについて、ご自身の考えを教えてください。

　僕は靴職人なので、つくる現場が近いというのは大きいですね。工場が近いと効率化につながりますし、現場に顔を出しやすいというのはメリットが大きいと思うんです。メーカーで勤めていたときから、いいと感じるブランドの方はよく工場に顔を出していましたし、休みの日を使って、僕ら職人とコミュニケーションを取りに来ている方もいましたね。今、工場で働いている職人は、自分の後輩世代が多いので、自分がしてもらったように、現場に行って声をかけるようにしています。

RENDO（レンド）　　東京都台東区浅草7-5-5　https://www.rendo-shoes.jp

2008年、浅草・花川戸に「443pattern making」を設立し、フリーランスとして国内外ブランドパターン、企画業務を手がける。2013年に社名を「株式会社スタジオヨシミ」とし、自らのブランド「RENDO」をスタート。奥浅草にある店舗を併設した工房で、紳士靴の製造と販売を行っている。

Product 07
▶ 台東区・浅草
▶ 皮革雑貨

Kanmi.

「共に航海できる仲間を見つけて」
デザビレ第1期生ブランドの18年

| 株式会社Kanmi. | 代表取締役・デザイナー 石塚 由紀子さん　Yukiko Ishizuka |

都営浅草線の浅草駅から徒歩5分。浅草通りに面した細い路地をひょいと曲がったところに、革小物の工房ショップ「Kanmi.（カンミ）」はあります。

焼きたてのパンのような、ふっくら触り心地のいい革のバッグや財布がKanmi.の商品の特徴。持ち手を選ばないデザインは、お気に入りを長く使い続けたい女性たちに人気です。最近は、親子3代で見に来るお客様も多いのだとか。

2017年に建て直しをしたばかりという明るい工房の一角で、代表の石塚由紀子さんにお話をうかがいました。▶

| Kanmi. | 台東区・浅草 | 皮革雑貨 |

革の端切れが宝の山に見えた

▶ **石塚さんは、台東デザイナーズビレッジ（デザビレ）の第1期生だそうですね。デザビレに入る前から革小物をつくっていたのでしょうか？**

革小物をつくり始めたのは、実はデザビレに入居する少し前からなんです。

小さい頃からものづくりが好きで、高校卒業後は彫金の専門学校に行きました。彫金の学校を卒業した人って、ジュエリーメーカーに就職することが多いんですよね。でも、私は宝飾品にはあまり興味がなくて……。かわいくてほっこりするデザインのものが好きだったので、アクセサリーメーカーに就職しました。その後、26歳のときにアクセサリー作家として独立したんです。

▶ **アクセサリーから革小物に転向したきっかけは？**

（一緒にKanmi.を経営している）主人とはその頃から付き合っていたんですが、彼は当時、浅草にある靴の抜き型の会社で働いていたんです。ある日、革問屋さんから革の端切れをたくさんもらってきてくれて、それが私には宝の山に見えました。それから少しずつ革に興味を持ち始めて、革のポーチやアクセサリーなどをつくり始めました。

▶ **デザビレに入ろうと思ったのは、なぜでしょうか？**

結婚する前、私は実家で作業をしていました。主人も作業を手伝ってくれていたんですが、主人の住んでいる浅草と、私の実家はちょっと距離があったんです。浅草橋まで材料を買いに行くことも多かったので、東東京周辺で作業場を借りたいと思っていたんですよね。そんなとき、たまたま台東区の区報でデザビレの入居者募集を見つけました。浅草にも浅草橋にも近いし、「ここだ！」と思って応募したんです。

▶ **できたてほやほやのデザビレの様子は……。**

鈴木村長（インキュベーションマネージャーの鈴木淳さん）はじめ、入居者もみんな手探りの状態でしたね。同じ頃に創業した人ばかりだったので、いろいろ助け合ったり相談し合ったりしました。同期のm+（エムピウ）さんに、バッグの型紙の引き方を教えてもらったこともあります。

「デザビレでは仲間と助け合っていました」と話す石塚さん。

07 Product

Kanmi.の革小物は、ふっくらしたパンのような、独特な風合い。

「会社を辞めて2人で頑張ろう」

▶ **ブランドのターニングポイントはありましたか?**

デザビレに入居したての頃は、家族の手も借り、夜中まで縫って糸を切って……という感じでした。でも、2年目に入ると、商品を置いていただける店舗も増えて、すごく忙しくなってきたんです。

主人は仕事が終わった後にKanmi.の作業をしてくれていましたが、数量的にきつくなってきたので「思い切って会社を辞めて、2人で頑張ろうか」ということになりました。

▶ **不安はなかった?**

主人が会社を辞めたときに「もし失敗したとしてもやり直せる年齢だよね」という話をしました。1年頑張ってみて、ダメだったらまた考えればいい。まずは2人で頑張ってみようと、覚悟を決めたんです。

▶ **創業当初、もっとも苦労したことは何でしたか?**

主人が会社を辞めた後、自分たちの手だけではいよいよ追いつかなくなってきたので、職人さんに仕事をお願いし始めました。職人さんとのやりとりは、最初は苦労の連続でしたね。Kanmi.の商品のつくり方って、職人さんからすればラフすぎるんです。普通のお財布やバッグは、芯材が入ってかっちりしているけれど、私たちが求めているのはクニャッとした形で触り心地がよいもの。

職人さんも、芯が入ってないと縫いづらいようで、よく「普通はこういうふうに縫わないんだよ」と言われました。何度もやりとりを繰り返したおかげで、最近では「Kanmi.さんはこういうつくりだよね」と分かってもらえるようになりましたね。

お金をかき集め、一軒家を買い取る

▶ デザビレを卒業した後、すぐ浅草にアトリエを構えたんですか？

そうです。浅草周辺がいいと思っていたので、デザビレを出るときに物件を探しました。この建物は当時、2階建ての古い民家だったんですよ。戦前に建てられたという噂も聞きました。

私たちはもともと1階の一部分だけを借りていて、1階の奥と2階を大家さんが使うような形でした。でも、アトリエを構えて1年ほど経ったときに、大家さんが病気で亡くなってしまったんです。

身寄りのない方だったので、そのままだと土地と建物が国のものになってしまうという話があって……。あわてて国に問い合わせたところ、国から買い取ることも可能と言われました。その頃、お金が全然なかったんですけど、場所も気に入っていたし引っ越したくなかった。だから銀行にお願いして、なんとかお金を貸してもらい、購入したんです。

その後、すぐに東日本大震災がきて、扉などがゆがんで開かなくなってしまったので、少しだけ補修や耐震補強をしましたね。やっぱりそのままだと危ないので、2017年に建て直しをしました。

▶ ブランドを始めて18年目になりますが、お客様とのエピソードで印象に残っていることはありますか？

先日、20代の若い方がいらっしゃって、大学入学のときにお母さんがKanmi.のお財布をプレゼントしてくれたという話を聞かせてくださいました。その方が社会人になったとき、「初任給でお母さんにバッグをプレゼ

販売数が増えて手が追いつかなくなった時期も（写真は現在の工房での作業の様子）。

07 Product

「Kanmi.らしさ」を職人さんに理解してもらうのに苦労した。

2016年には工房ショップから徒歩3分の場所に新店舗もオープン。

ントしたい」と買い物に来てくださったんです。そういう家族のストーリーを聞くと、うれしいなと思いますね。

継続のためには仲間が不可欠

▶ **これから創業を目指す人に向けて、アドバイスをお願いします。**

　何かを始めることは、それほど大変じゃないと思います。でも、続けていくのはすごく大変。強い気持ちを持っていないと、継続するのは難しいです。

　Kanmi.は今、社員5人とパート2人、それから私と主人の計9人で運営しています。デザビレにいるときから来てくれていたスタッフが一番の古株ですね。Kanmi.の募集をたまたま知って、愛知県から上京してくれたスタッフもいます。私も心が負けそうになることがありますが、いざというときはみんなで助け合うことができると思って頑張っています。

▶ **気の合う仲間を見つけるのも大事なポイントですね。**

　そうですね。デザビレの人たちとも、技術を教え合ったり、お互いに相談し合ったりしていました。事業のあり方とか、「こういうお客様がいるけどどうしたらいい？」とか。何かあったときに相談できる人がいれば、自分が間違った考え方をしているときも正してくれますよね。

「お父さん向けのユニセックスな商品もつくっていきたい」（石塚さん）。

Kanmi. （カンミ）　　東京都台東区雷門1-1-11　http://www.kanmi.jp

2000年創業。2004年、台東デザイナーズビレッジに入居し、2007年に卒業。同年、浅草・雷門に工房ショップを構える。2016年、工房ショップから徒歩3分の場所に店舗をオープン。やわらかな風合いや、ぬくもりあるデザインを大切に、がま口型のバッグや財布など、ハンドメイドの革小物をつくり続けている。

Product
08
▶ 台東区・御徒町
▶ 缶バッジ・グッズ製作

リアライズ

元ミュージシャンの社長が目指す、コンテンツと製造業の幸せな循環

株式会社リアライズ　代表取締役 **佐藤 正裕**さん　Masahiro Sato

「10代、20代は、音楽にすべてを捧げていました」。
そう話すのは、缶バッジやTシャツなどの
製作サービスを提供する、
株式会社リアライズの佐藤正裕社長。
パンクロックバンドでプロデビューしたものの、
この先ずっと音楽で食べていくことは
難しいかもしれないと考え、
缶バッジの製作を始めたといいます。

「事業を始めたきっかけは、出来心でした（笑）」
と話す佐藤社長に、創業までの経緯や、
これからの展望についておうかがいしました。▶

缶バッジ製作は、リアライズの原点。

- 54 -

音楽を続けるために事業を始めた

▶ **創業のきっかけを教えてください。**

「音楽をやっていたときにこんなサービスがあれば良かった」と話す佐藤さん。

20代の頃は、ずっとバンド活動をしていましたが、30歳になる直前に「このまま音楽をやっていたら、もしかしたら食べていけないかもしれない」と考えました。音楽を続けながら食べていくためにはどうすればいいか。頭をひねった結果、自分でスケジュール調整できる仕事を持って、月に数万円でも稼げれば何とかなるんじゃないかと思いついたんです。

とりあえず、月に2万円稼ぐことを目標にして、機材を買ったのが、事業を始めたきっかけですね。そのときは、会社をつくろうなんて思ってもいなくて……出来心でした（笑）。

▶ **バンドを続けるための副業のような位置付けだったんですね。最初に買った機材というのは？**

一番小さいサイズの缶バッジの機材を買いました。それまでにも、バンドのグッズをつくってもらったことがありましたし、缶バッジの製作機が置いてあるレコード屋などもあったので、つくり方は知っていたんです。でも最初は、まわりのバンドマンから数十個単位の注文を受けるくらいで、飲み代すら稼げませんでしたね。そこで、HTMLの本を買ってきて、自分でウェブの勉強を始めました。見よう見まねでウェブサイトをつくって、オンラインで注文を受け始めたところ、少しずつ注文がくるようになったんです。

もちろん、ただ待っていても注文はきません。当時は、どのホームページにもBBS（掲示板）が設置されていたので、いろいろなBBSにウェブサイトの宣伝を書き込みました。3年くらいはそうやって、バンドをやりながら缶バッジづくりをしていた期間がありましたね。でもそのうちに、バンドより商売にのめりこんでいったんです。

お礼のメールに衝撃を受けた

▶ **商売への思い入れが強くなっていったのはなぜでしょう？**

あるとき、お客様から「きれいに仕上げてくれてありがとうございました。感動しました」というお礼のメールが届いたんです。自

08　Product

取引先のジャンルは、音楽、アニメ、ゲーム、映画と幅広い。

分としては、「お金をいただいたのに、お礼まで言ってもらえた」というのが衝撃でした。その後も「届きました。ありがとうございました」とか「満足の仕上がりです」とか、お客様からお礼のメールがひんぱんに届いて……。「なぜ、お礼を言ってもらえるのだろう？」とじっくり考えたんですね。

普通、物を買うときって、物の形や手触りを知ってから買いますよね。だけど、僕たちが製造するのは、まだお客様の頭の中にしかない物なんです。自分の頭の中で想像していたものが、形になって自分の目の前に現れるから、感動してもらえる。そう気づいたときに「この商売、面白いな！」と感じました。

▶ バンドへの思いは、小さくなっていった？

バンドを辞めるとき、メンバーには「子どもが生まれた」ということを言い訳にしてしまったんですけれども、今思うと、バンドに対するあきらめは日に日に大きくなっていました。

それに、バンド活動をしていなくても、音楽活動に関わることはできます。10年前は、缶バッジを小ロットでつくれる会社はまだ少なかったので、僕は10個からつくれるということをアピールしました。「自分が音楽をやっていたときに、こういうサービスがあったら絶対に使っていたな」というのが、僕の商売の原点なんです。

| リアライズ | 台東区・御徒町 | 缶バッジ・グッズ製作 |

「法人でなければ……」悔しい経験

▶ その後、法人化するまでの経緯を教えてください。

個人事業を始めて3年目になると、それなりに収入が増えました。ネット環境と機材があれば、仕事はどこでもできるし、家族を連れて実家に帰ろうとも思っていたんですね。けれども、その矢先に、東日本大震災が起きたんです。

当時、注文をいただいたお客様から「震災で客足の減ってしまった施設がある。何か製作作業を融通できないか」と相談を受けました。「ぜひ」というお返事をして、取り組みが始まりかけたのですが、法人ではなく個人事業だったことが原因で、最終的に話が流れてしまったんです。

そのときに「社会的に認められる立場じゃないと、社会貢献活動もできないのか」という気持ちになって……。それがすごく悔しくて、2011年12月に法人化することを決めました。法人化をきっかけにスタッフを雇用し、今では缶バッジだけでなく、様々なグッズを製作したり、アーティスト活動を支援するサービスを提供したりしています。

▶ 2018年現在、アルバイトや内職の方も含めて、100人を抱える企業になりました。今後の展望は？

世の中にコンテンツがなければ、製造もできません。コンテンツが生まれやすい環境を整え、そのコンテンツが製造のニーズを満たすような循環をつくるのが、我々のミッションだと思っています。そのため、グッズをつくるだけではなく、販売場所を提供するウェブサービスもスタートしました。

アーティスト活動をしていなくても、今は誰もがコンテンツをつくることができます。そのひとつが、写真です。何気なく撮った写真もコンテンツになりうる。そういうことを提案したくて、写真を缶バッジに仕立てることができる「CANROLL（キャンロール）」というサービスも行っています。依頼を待つだけでなく、攻める製造業になるという気持ちを持ち、今後も様々なサービスを提供していきたいですね。

▶ これから創業する方が活用するといい助成金などはありますか？

リアライズでは、「キャリアアップ助成金」を利用したことがあります。アルバイトで半

「スタッフは会社の財産。それだけに、雇うときは勇気がいる！」（佐藤さん）。

08 Product

リアライズ | 台東区・御徒町 | 缶バッジ・グッズ製作

年以上働いた人を正社員登用すると、50万円ほどの助成を受けることができます。創業者が初めてスタッフを雇うとき、正社員として雇うのは不安ということもありますよね。そのようなときに、この助成金を活用するといいと思います。

蔵前・御徒町エリアで毎年5月末に開催される「モノマチ」。佐藤さんは第8回の開催で、実行委員長を務めた。「年齢を問わず、責任ある立場を任せてもらえるのはありがたい」。

出会いの機会があちこちに転がっている

▶ **東東京で創業するメリットは、どんな点にあるでしょうか？**

ものづくり関連の会社が多いのは、メリットのひとつですね。「こういう加工ができる会社を知りませんか？」と聞くと「やったことはないけれど、うちの機材でできそうだね」と応えていただける場合も多いです。そういう技術を持つ会社の方々と出会うきっかけが多いのも、東東京で創業するメリットではないでしょうか。

「モノマチ」や「浅草エーラウンド」「スミファ」など、ものづくり系の地域イベント（P.123）に参加することで、取引先という関係を超えたお付き合いができます。そうした場で何気なく交わした会話がきっかけとなり、後々仕事に結びつくこともありますね。

弊社では、「自分が住み働くこの街を盛り上げよう」という私の個人的な思いから、「台東区手当」という福利厚生制度を設けています。台東区に住民票を置いている社員に2万円の手当を出す制度で、利用している社員から喜ばれていますよ。

株式会社リアライズ 東京都台東区小島2-18-15-3F http://realize-group.co.jp

ミュージシャンだった佐藤正裕さんが始めた缶バッジ製作事業を2011年に法人化して株式会社に。台東区に本社を置き、「思いをカタチに、モノづくりで世界を楽しく！」を理念に掲げ、缶バッチやキーホルダーの製作、販売Tシャツ・ポロシャツなど布製品のプリント業務やステッカーの印刷など、幅広いサービスを展開している。

— 58 —

Category 3

Local Industry
地域産業を継承する

09	台東区・蔵前 文具	カキモリ	…P. 60
10	荒川区・町屋 電気工事・インテリア	anima garage	…P. 66
11	江東区・清澄白河 硝子加工	GLASS-LAB	…P. 72
12	墨田区・両国 ニット加工	MERI	…P. 78

古くからものづくりが行われてきた東東京では、代々、地元産業や家業を継承しているところも少なくありません。しかし、ものが売りづらくなっている現代においては先代の仕事をそのまま継ぐだけでは経営が厳しくなってきています。いままでの経験を活かして、どう事業転換していくのか。このコーナーでは、家業を引き継ぎつつ、時代のニーズをとらえた新しい事業を展開している方々を紹介します。

Local Industry

09
▶ 台東区・蔵前
▶ 文具

カキモリ

自動車整備工場だった物件を改装した新店舗。旧店舗の約3倍の広さで、展示スペースや中2階もある。

| カキモリ | 台東区・蔵前 | 文具 |

コンセプトをとがらせ東東京から世界へ。
手書きの価値を伝える「カキモリ」の戦略

| 株式会社ほたか | 代表取締役 広瀬 琢磨さん Takuma Hirose |

蔵前という街の名を、このお店の存在で知ったという方も多いのではないでしょうか。
2010年、広瀬琢磨さんが蔵前に開いた文具店「カキモリ」は、
海外への出店や新店への移転など様々な挑戦を続け、2018年11月で丸8年を迎えます。

今回は、東東京の先輩創業者である広瀬さんから、創業時の試行錯誤から
東東京で創業するメリットなど、実際の経験にもとづくお話をうかがいました。▶

家業の文具店を引き継ぎ、ニッチなジャンルでトップを目指す

▶ **現在の事業の概要について教えてください。**

カキモリという小売りの文具店に特化して事業を展開しています。表紙や中紙を選ぶオーダーノートや、自分で色を調合するインクといった自社製品と、セレクトした文具を販売しています。お客様の約7割が女性で、外国の方が2割ほど。カキモリのコンセプトは「たのしく、書く人」。書くきっかけをつくり、書くことの価値を伝えることが私たちのミッションです。

2017年11月に、同じ蔵前エリア内で店舗を移転しました。移転前はありがたいことに店が混み合い、お客様をお待たせするだけでなく、コミュニケーションが取りづらくなっていたんで

す。ある程度の広さを確保して混雑を緩和し、きちんと接客できる店をつくりたいという思いが移転の理由です。東東京で物件を探していたのですが、最終的には蔵前エリアで見つかりました。

▶ **創業当時のお話を聞かせてください。**

実家が文具の卸売りと小売店を営んでいたこともあり「いつかは社会をよくする商売をしたい」と学生時代から考えていました。カキモリは、老舗の強みを生かした文具の専門店として、2010年11月、社員3名とパート1人でスタートしました。小資本の店でできる最善策はニッチでトップをとること。当初からオーダーノートを中心に、とがったコンセプトで推し進めました。

家業の親会社から引き継いだ子会社で運営しているのですが、継いだときには思った以上

09　Local Industry

に経営状態が悪く、縮小均衡してようやく黒字化させました。経営者として学びは多いものの、苦しい時代でしたね。

内装も立地も、すべての表現はコンセプトから外れない

▶ 創業時はどのような支援を受け、どんな準備をしましたか?

　創業のタイミングがリーマンショック後だったので、景気対策の制度融資がありました。内装はアートディレクターと設計士に依頼し、700万円以上かけてつくりこみました。かけすぎたかな……とも思いましたが、カキモリのコンセプトを空間が伝えてくれているのでよかったです。創業時は、費用の節約を考えがちですが、自分たちの想いをお客様に伝えるためには、思い切った初期投資も必要だと思います。

店内で配布している周辺のお店を紹介するマップ。

▶ 今、力を入れているのはどんなことですか?

　注力しているのは、カキモリのファンを増やすことです。新店は移転前よりも蔵前駅から距離があり、カキモリを目指して来てくださる目的客がほとんど。特に海外のお客様は、高品質な商品を購入するのは当たり前で、文化そのものを探しに来ている印象です。そこで、カキモリのコンセプトを感じていただくことはもちろん、蔵前という街の魅力を知ってもらうために、ホームページ上で「カキモリのある町」というスポット紹介を復活させました。蔵前を回遊し、文化を体感いただくためのツールになればと思っています。

創業時の様子を語る広瀬さん。

取引先とともに成長を続け、海外展開も視野に入れる

▶ 事業成長のために、特に工夫したことや取り組んだことをお聞かせください。

　取引先、お客様、スタッフの3者のバランス

| カキモリ | 台東区・蔵前 | 文具 |

を取りながら成長することを心がけています。まず取引先ですが、中でも、私たちの製品を手がけてくれる職人さんの仕事を残したいという思いがあります。共に成長するためには、職人の仕事が若い世代に認知され、継承してもらうことが必要。その一助になればとイベントへの出展を続けてきましたし、最近は、カキモリのスタッフを工場に派遣して実際の作業を見学させています。そうすることで商品への思い入れが自然と芽生え、お客様にも商品の価値を説明できます。

お客様と対話する時間もできるだけ確保するようにしています。お客様に対して小売店ができることは、その声を反映して現場を変え続けること。ワークショップを開いてほしいという声や、インクの微妙な色違いを求める声など、店の進化にお客様の声は欠かせません。新店舗では真ん中にカウンターを設置し、全方向からコミュニケーションが取れる設計にしました。スタッフの姿勢も変わり、お客様との対話をより大切にしてくれるようになりました。

スタッフの成長には、海外への出店や、海外の方とのコミュニケーションも大きな効果をもたらしました。縁あって2015年4月に台北へ出店したときは「日本に1店舗の店が海外展開なんて……」と当初懐疑的だったスタッフも、爆発的な反響を見て意識が変わり、私たちにもできることがあると感じてくれたことは大きかったですね。

この先も、オリジナル商品の卸売りを通して海外にカキモリの魅力を発信し、現地と信頼関係が築けたら、ポップアップストア、実

ノートの製作工程。用紙に穴をあけてリングを通し、ハトメを止めて完成。スタッフが1冊ずつ手で製作。

09 Local Industry

オリジナルのインクやノートの用紙など、店内には「書く」ことに関連した文具が置かれている。

店舗と広げていきたいです。あくまで目標ですが、海外に実店舗を持つまでの期間は3年くらいのペースで考えています。

都市の東側から新たな価値観が生まれる

▶ 東東京で創業する魅力はどんなところにあるでしょうか?

　店やスタッフ同士が強くつながっていながら、慣れ合いでないバランスは魅力的だと思います。実は、台北への出店も蔵前エリアのつながりがきっかけで実現しましたし、移転先の物件も仲間が紹介してくれました。

　世界を見渡すと、各国の大都市でなぜか東側から新たな価値観が生まれています。東京も例外でないと感じます。以前メルボルンを訪れたのですが、クラフト、Bean to Bar、フェアトレード、オーガニックというキーワードにもとづく価値観が生活に根づいていました。店が提供していたのは、温かなコミュニケーション、地元の食材や地元で生み出された商品。ただ商品を置いていれば売れる小売店の時代は終わっていました。今後、このような価値観を東東京が中心となって発信し、自分たちが流れをつくるチャンスが生まれると思います。

　また、ものづくりの現場と関係が密な業態には魅力的な場所だと思います。カキモリの場合、ノートひとつとっても、表紙への箔押し、中紙の製造・加工といった場面で職人さんの手間ひまがかかっています。職人さんとの距離が物理的に近いので、何かあっても直接話し合えますし、近場で加工できることで輸送時間やコストを削減できます。

　まだ家賃も安く、前述した「新たな価値観」に合致する事業で創業したい方には、東東京はふさわしいと思います。芽生えつつある新たな流れに乗るだけでなく、東東京で創業することのストーリーを感じさせ、自ら流れのひとつになれるよう行動することが必要になりそうです。

カキモリ　東京都台東区三筋1-6-2　http://kakimori.com

「たのしく、書く人」のための文具店。表紙や中紙を選んでつくるオーダーノートや、書くことが楽しくなるセレクト文具を販売している。東京の下町に息づく職人技を生かした商品づくりにも、熱心に取り組んでいる。2017年に三筋に移転。元店舗の隣にはオーダーインクを製作できる姉妹店「inkstand by kakimori」がある。

Local Industry

10

▶ 荒川区・町屋
▶ 電気工事・インテリア
　デザイン・フローリスト

anima garage

街の電気工事屋さんから空間演出のプロへ
"好き"を事業の強みに変え続ける秘訣とは?

anima garage　　オーナー 福嶋 慶太さん　Keita Fukushima

下町情緒が残る荒川区の町屋にあって異彩を放っているのが、
電気工事会社でありながら花やアンティークなどを取り揃え、
ワクワクする空間を演出しているライフスタイルショップ「anima garage」。

20代の頃は教育や飲食の道に突き進み、様々な挫折も味わったというオーナーの福嶋慶太さんは、
どのようにして今のスタイルを築き上げたのか。

店舗の3階を自分たちの手でリノベーションしたという素敵なショールームで、
これまでの物語をうかがいました。▶

| anima garage | 荒川区・町屋 | 電気工事・インテリアデザイン・フローリスト |

様々な経験の末に行き着いた電気工事の仕事

▶ 今でも事業の柱となっている電気工事の会社は、福嶋さんで3代目とのことですが、家業を継ぐまでにどんな経緯があったのでしょうか?

教育に興味があったので、保育士をしていたことがありました。しかし、「今のままでは日本の教育はよくならない。この現場ではないところから教育を発信したい」と思い、辞めました。次に「福祉分野で先進的な北欧で学びたい」と思い、まず海外に慣れるために訪れたイギリスでは2日でホームシックになって(笑)……。

帰国後、料理の道を志したこともありましたが、それも長続きしませんでした。

それが不甲斐なくて、恥ずかしくて、「とりあえず家に戻るしかないか……」という感じでした。

▶ もともと、家業を継ぐことは考えていなかったということですか?

正直に言えば、単調な仕事の繰り返しで面白さを感じられなかったんです。でも、一緒に働く職人さんはよい人ばかりでしたから、仕事が嫌になることはありませんでした。

あるとき、自分の部屋の照明器具を交換する機会があって、カタログでいろいろ調べてみると「あ、照明ってこんなに空間の印象を変

3階のショールームで話す福嶋さん。料理のイベントもできるよう手前のスペースにキッチンも併設。

10　Local Industry

1. ショールームには、インスピレーションの元となる料理やインテリアの本がずらりと並んでいる。2. もともと電気工事会社だった1階を店舗に改装。奥には電気工事用の道具や作業台がある。

える力があるんだ」ということに気づきました。その瞬間から「今やっている電気工事にも可能性があるかもしれない」と思って、照明やインテリアにのめりこんでいきました。

できる時間に、できることからDIYをスタート

▶ それがお店でアンティークやお花を扱うきっかけになったわけですね。

　地域でもまわりに廃業する会社が増えてきて「何か新しいことをしなきゃ」という思いもありましたし、お店があれば商品や接客を通して、教育や食についても自分の考えを直接伝えられると思ったんです。
　店舗の改装は、毎日現場から帰ってから少しずつ続けて、小さなスペースですが、全部で1年くらいかかりました。施工費用は、材料費などのほぼ実費のみです。

　お店をオープンするにあたっての準備費用は、自社の蓄えでまかなうこともできたのですが、職人さんも抱えていましたから、中長期で考えて金融機関からの融資も少し受けました。祖父の代から続く会社の信用もあったと思いますが、この地域は昔から町工場が多いので、金融機関はそういった融資に慣れていると思います。それに荒川区は融資利率が他の地域と比べて低い印象があります。

▶ ご家族は業態を変えることについてどう思っていたんでしょうか?

　両親は僕が「やりたい」と言い出したら聞かないことを知っているので（笑）、これは面倒だなと思っていたと思いますよ。でも、電気工事だけをこのまま続けていても先が見えているし、自分たちで仕事を取らないといけないというのは明らかでした。最終的には、家族に対して新しい事業を真剣にプレゼンをして、「それだったらやってみたら?」と言ってもらえたんです。

| anima garage | 荒川区・町屋 | 電気工事・インテリアデザイン・フローリスト |

"正しい価値"へのこだわりが信頼に変わっていく

▶ お店の品ぞろえや空間の演出を考えるときに大切にしていることはなんですか?

何より自分が好きかどうかですね。花を扱い始めて徐々に、売れる花は分かってきました。でも、流行に流されるのは好きじゃないんです。流行を追いかけすぎると、農家さんなどのつくり手を困らせたり、環境に負担をかけたりすることも多くなります。何かを選択をするときに、その奥でどんなことが起きているかを想像して判断するようにしています。

たとえ、お客様からオーダーされたことでも、それが本当に必要かどうかをヒアリングします。利益の大小に関わらず、よいと思ったものを提案するので、少なくともお客様からは「ぼったくる会社じゃないな」と信用してもらえているはずです(笑)。

▶ 現在の福嶋さんのお仕事は空間演出などにまで広がっています。どのようにして電気工事以外のお仕事が増えていったのでしょうか?

1、2年では結果は出ないと思っていましたし、しばらくは種まきの時期だと覚悟していました。現在5年目ですが、実際にリノベーションの仕事が入るようになったのは、本当に最近のことなんです。

店内には、生花、ドライフラワー、照明器具、雑貨など、福嶋さんが選んだ様々なアイテムが並ぶ。

Local Industry

最初は電気工事の依頼でうかがった現場で「この棚も直したいんだけど……」などの小さな困りごとに応えていたんです。いろいろな相談に応えるうちに、「このスペースをお願いしたい」「新しい空間全体のプロデュースをしてほしい」というように、少しずつお客様の需要が広がっていきました。

振り返ると、ニーズはすべてお客様の言葉からもらった感じですね。お客様にとって僕は職人というよりは、お店のお兄さんという感じで気軽に頼みやすいのかもしれません。

自分が活きる場所、自分しかできないことを追求し続ける

▶ 福嶋さんにとって、この町屋はどういう場所でしょうか？ また、東東京で事業を展開する上でどんな点に気をつければよいですか？

このあたりはよくも悪くも分かりやすいものが好きな地域だと思います。ただ、うちで売っているものが好きな人もいると思うので、もっ

生花だけでなく、個性的なドライフラワーやエアプランツも。育て方も教えてくれる。

| anima garage | 荒川区・町屋 | 電気工事・インテリアデザイン・フローリスト |

とお店に来てくれてもいいのになと思うこともあります（笑）。もちろん今の店舗は今後も拠点のひとつとして継続していきますが、事業にもっとフィットする場所も模索していきたいです。新しい拠点を考えている方は、自分のやっている事業がその街の文化に合うかどうかをきちんと見定めることをおすすめします。

▶ 今後については、どんなビジョンを持っていますか？

これまでのお客様は足立区・荒川区が中心でしたが、最近では銀座にあるジュエリーのショールームやビルの屋上ガーデンのプロデュースなど、場所も役割も大きく変わってきています。情報発信という意味でも、これからもいろいろな現場に出ていきたいですね。店舗横のガレージでは、アーティストを招いた音楽イベントなどを行っていますが、そこは表現の実験場として、つねに新しい空間演出を試し続けるつもりです。

これからも、細く長く生きていくために、はやりに流されず、自分が正しいと思う価値だけを提案し続けたいですね。

1. ブーケはオーダーでひとつひとつ製作されている。 2. 夜、照明がつくと、昼間とは違った雰囲気に。

anima garage（アニマ ガレージ）

東京都荒川区荒川7-34-2
https://www.instagram.com/anima_garage

ヨーロッパのアイテムを中心にセレクトされたアンティークやお客様のリクエストがきっかけで取り扱うようになった生花も並ぶライフスタイルショップ。店舗横のガレージでは、オーナー自らが空間演出した音楽や食のイベントを開催。自分たちの手でリノベーションした店舗3階には撮影やイベントにも使えるショールームがオープンした。

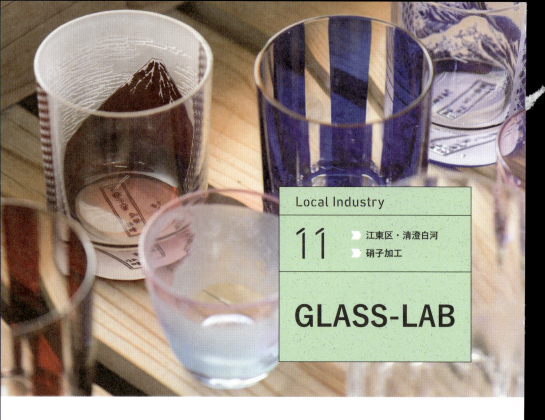

Local Industry
11
▶ 江東区・清澄白河
▶ 硝子加工

GLASS-LAB

生まれ育った街で起業を決めた
元サラリーマンの決意

| GLASS-LAB | 最高経営責任者 **椎名 隆行** さん　Takayuki Shiina |

「大切な人へ、贈り物で気持ちを伝えたい」。
そんな想いを持つ人とともに、ゼロベースからデザインを考えて、世界でひとつだけのメッセージ入りグラスをつくり上げるのが、清澄白河にある「GLASS-LAB（グラス・ラボ）」です。

代表の椎名隆行さんは、1950年創業の「椎名硝子」の長男。
全国でも10軒ほどの工場しかできない「平切子」を得意とする、硝子加工の会社です。
しかし、若い頃から「家業は継がない」と決め、サラリーマンの道を選んだといいます。

そんな椎名さんが、家業と同じ「硝子加工業」で起業を決めた理由とは？
ブルーボトルコーヒーやアライズコーヒーなど、
今をときめくコーヒーショップが立ち並ぶエリアにある工場で、椎名さんにお話をうかがいました。▶

| GLASS-LAB | 江東区・清澄白河 | 硝子加工 |

家業を継がず、サラリーマンの道を選んだ

小さい頃から父の背中を見てきたが、「自分には職人は向いていない」と思った。

▶ GLASS-LABを立ち上げる前は会社勤めをされていたそうですね。家業を継ぐ予定はなかったのでしょうか?

　学生時代から、自分の意思で「継がない」と決めていました。高校生や大学生のときに、アルバイトとして家業の手伝いをしていて、「自分には職人は向いていないな」と感じていたからです。なので、大学卒業後は不動産会社に入社し、マンションの販売を行っていました。

▶ 起業するまでずっと同じ会社に勤めていたんですか?

　いいえ。新卒で入った会社を28歳のときに辞めました。きっかけは、深川八幡祭りです。不動産業は土日が仕事なので、3年に一度しかない本祭りに出られなかったことがあったんです。「二度とこんな思いをしたくない。神輿を担ぎたい」と思って、6年勤めた会社を辞めることを決めました。

　その後、また不動産関係の会社に勤めた

「深川八幡祭りは3年かけてボルテージを上げていく。4年に一度のオリンピックのようなものです」(椎名さん)。

んですが、今度は販売ではなく、不動産ポータルサイトの運営を担当することになりました。それまで触れたことのないITの世界で、右も左も分からない状態でしたね。その会社で、36歳まで勤め続けました。

「男は夢だよ」が口ぐせの上司に贈ったグラス

▶ その後、GLASS-LABを立ち上げることになったんですね。サラリーマンとして安定していたのに、起業しようと思ったきっかけは？

はたから見ると不思議ですよね。僕も30代前半の頃は、1000万プレーヤーの先輩方がどんどん辞めていくのを見て、不思議に思っていました。先輩方の気持ちが分かったのは、30代半ばになってからです。僕のまわりに、起業する先輩が多かったこともあり、気づいたら起業を考えるようになっていましたね。

それから、直属の上司だった方が起業するときに、オリジナルグラスを贈ったことも、起業を考える大きなきっかけになりました。

ギフトショーでお披露目した商品。水を注ぐと花がフワッと開いたように見える。

その方は「男は夢だ」が口ぐせで、夢を実現するために自分の会社を立ち上げたんです。ところが、皆で起業を祝ったあと、彼は病気で亡くなっちゃうんですよ。41歳で逝ってしまった彼のことを考えると、「どこかで腹を括って自分でやらなきゃいけない」と、いてもたってもいられない気持ちになりました。

▶ そうだったんですね。起業にあたり、家業と同じ硝子加工業を選んだのはなぜですか？

起業を決めた後、自分の身のまわりの環境や、持っているスキルを紙に全部書き出しました。そうすることで、自分の強みは「新規参入者の少ない硝子加工という家業」と「ITの知識」であると、冷静に判断することができたんです。これらをかけ合わせることで、何か新しいことができるんじゃないかと思いました。

ブルーボトルコーヒーと工場見学が追い風になった

▶ 創業当時はどのような事業構想を立てていましたか？

メッセージ入りのグラスを軸に事業を展開しようと考えていました。ネットを見ると、ひな形からデザインを選ぶタイプのメッセージ入りグラスを提供している会社がたくさんあります。それらのグラスは料金がとても安く、同じ土俵では対抗できないと思いました。そこで、GLASS-LABでは、お客様と必ず打ち合わせ

| GLASS-LAB | 江東区・清澄白河 | 硝子加工 |

70年近く稼働している、雰囲気ある工場内。

をすることを決めました。デザインをゼロベースから考えて、贈り手の方と共同でつくり上げていくというスタイルを、創業当時から貫いています。

▶ まるで結婚指輪みたいですね！創業時に苦労したことは？

創業当時は、応援者が自分しかいないと感じていて、孤独でした。まだ発注を受けていない段階なので、事業計画をつくったり、資料を作成したりするほかは、やることがなく暇なんですよね。暇な人って、居場所がないんですよ。

やっと居場所ができたと感じたのは、起業して半年くらい経った頃でしょうか。ちょうどその時期に、ブルーボトルコーヒーが椎名硝子の工場の近くにできるという話が持ち上がったんです。「工場の前を人がたくさん通るかもしれない」と思いました。そこで、現在では椎名硝子でしか使われていないレアな研磨機を体験してもらうなど、工場見学をやるのはどうだろうと思いついたんです。さっそく工場見学を始めたところ、ウェブメディアやテレビ番組などに次々取り上げてもらうことができました。

▶ ホームページにも掲載されている「北斎グラス」などのギフト商品は、いつ頃からつくり始めたのでしょうか？

工場が注目されるようになると、商品にも目が向けられますよね。ガラスの表面をきれいに平面加工する「平切子」と呼ばれる製法ができる工場は、全国で10軒ほどしかないですし、うちにはサンドブラストの機械もあります。両方の加工ができる会社は少ないので、技術を組み合わせた商品を開発したいと考えました。

「北斎グラス」は、様々な切子の技術を活かした、手間のかかる商品です。弟がつくっているんですが、加工が細かすぎて、彼にしかつくれない商品なんですよ（笑）。

11　Local Industry

平切子とサンドブラストをかけ合わせたオリジナル商品。人気商品の「北斎グラス」は1か月待ち!

生まれ育った「深川エリア」を盛り上げたい!

▶ 椎名さんはGLASS-LABの事業のほかに、街を盛り上げる活動もされているそうですね。

創業時は時間があったので、起業した先輩方に、とにかく会いに行っていました。そうやっていろいろな人に会うなかで、豊島区で「としま会議」というイベントを開催している方を紹介してもらったんです。
ゲストスピーカーに自分の体験を話してもらうイベントなのですが、「同じようなことを深川でもやりたい」と思いました。そこで「コウトーク」というイベントを立ち上げたんです。2016年の1年間、月に1回の頻度で開催したところ、すべての回を満席で終えることができました。

コウトークの開催を通じて、いろいろな才能を持つ人が深川エリアで仕事をしていることも分かりましたし、横のつながりも増えていきました。そうした人脈をベースに「街歩きイベントができるかもしれない」と考えて、2017年に「深川ヒトトナリ」(p.123)というイベントを立ち上げたんです。森下から門前仲町までの広域深川エリアを舞台にした街歩きイベントで、多くの方にお越しいただくことができました。

▶ 深川エリアには新しい店舗が続々とオープンしていますよね。東東京で創業するメリットは何だと思いますか?

家賃が安いことが、東東京の魅力のひとつですよね。以前、堀江貴文さんがブログで、「利益率の高い商売」「在庫を持たない商売」など、起業して成功する方法を書いていたのですが、僕もそのとおりだと思います。東京の西側で高い家賃を払いながら働くよりは、東側で安い物件を借りて、まず足場をしっかりつくった方がいいと思います。

それから、地元のコミュニティがたくさんあるのも東東京のいいところです。顔を出せば、いろいろな職種の人とつながることができます。ひとりぼっちになりづらいし、世話好きが多いから、皆何かと気にかけてくれますよ。

心を揺さぶると、揺さぶり返しがくる

▶ 最後に、これからのビジョンを教えてください。

ギフトショーに出店したとき、うれしい出来事がありました。以前、起業する上司の方への贈り物として、ブランドのロゴマークを彫刻したグラスをつくりたいという女性のお客様がいらしたんです。そのグラスを贈られた上司の方が、今回、ギフトショーのブースに会いに来てくださったんですよ。もう、泣きそうになっちゃいました（笑）。

「心揺さぶる」というのがGLASS-LABの社是なのですが、心を揺さぶると、必ず揺さぶり返しがきます。「硝子を使って何かすごいことをやってやりたい」と大きな構想は持っていません。それよりも、心を揺さぶる仕事を、ひとつひとつ丁寧に積み重ねていきたいですね。

GLASS-LAB（グラス・ラボ）　　東京都江東区平野1-13-11（工場所在地）　https://glass-labo.com

2014年創業。東京都江東区に工場を構える硝子製品のブランド。お客様と打ち合わせを重ねてつくり上げる世界でひとつだけのメッセージグラスのほか、「北斎グラス」や「液だれしない醤油差し」など、江戸切子の技術を活かした心揺さぶる商品を展開。

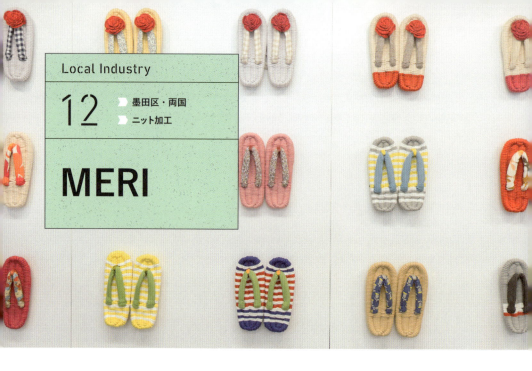

Local Industry

12

▶ 墨田区・両国
▶ ニット加工

MERI

「ニット草履」をブレイクさせた3代目が語る「モノの価値の高めかた」

オレンジトーキョー株式会社　　代表取締役 小高 集さん　Tsudoi Kodaka

「いいものを長く使う」という考えの人が増えたことにより、近年、職人の技術を活かして新しい商品を生み出す企業が増えてきました。
オレンジトーキョー株式会社が手がけるニット草履「MERI」もまさにそんな商品のひとつです。

代表の前職である莫大小（めりやす）工場は、「リブニット」と呼ばれる素材でポロシャツの襟などのパーツを60年以上つくり続けてきた老舗企業です。その創業の地、墨田区・両国は、明治時代から続くメリヤス産業の集積地であり、現在でも「莫大小」の名を冠した多数の会社が立ち並んでいます。

3代目である小高集さんは2005年、家業を引き継ぎ代表に就任。「MERI」をはじめとするオリジナル商品のブランド展開を手がけ、2013年にオレンジトーキョーとして分社化しました。

「MERI」ブランドのニット草履の価格は7000円前後。ルームシューズとしてはけっしてお手頃な価格とは言えないこの商品は、どのようにして市場に受け入れられたのでしょうか。
ブランド立ち上げのストーリーを、小高集代表にお聞きしました。▶

| MERI | 墨田区・両国 | ニット加工 |

きっかけは八戸からの1本の電話

▶ 洋服のパーツをつくってきた工場が、なぜブランドを始めたのでしょうか?

　2000年前後から中国製の商品の質が向上してきて、私が代表を引き継いだ05年頃には売り上げの減少が止まらなくなってきました。完成品をつくっていないので、洋服メーカーなどのお客さんから注文がなければ仕事はありません。そのことに危機感を覚えて、オリジナル商品の企画を始めました。

▶ ニット草履をつくろうと思ったきっかけは?

「自分の想像できないところにヒントがある」と語る小高さん。

　それまでの本業に代わる商品がなかなか出てこないなかで、09年に青森の八戸で布草履をつくっている、あるご夫婦から電話をいただきました。「縫製工場から余った生地を仕入れて制作していたが、工場が減って原料の入手が難しくなってしまった」とのこと。仲間にも声をかけて、余り布をかき集めて送ったところ、後日お礼として送られてきたのが手づくりの布草履だったのです。

　それを履いたらすごく気持ちがよくて、逆に「うちのオリジナル商品開発を手伝ってもらえないか」とお願いしたところから、試行錯誤の日々が始まりました。

顧客を絞り込み、デザインの力で売り値を倍以上に

▶ 当初の売れ行きはいかがでしたか?

　1年くらいかけて原料から開発し、「めりやす草履」という名前でネット販売を始めたところ、あっという間に売り切れました。「これはいけるかもしれない」と思いましたが、当時の価格はほかの布草履の相場に合わせて、1足3500円程度。しかも月に50足ほどしかつくれなかったので、たいした売り上げになりませんでした。1足編むのに3時間くらいかかり、手間賃を考えると本当は8000円くらいの価格をつけないとビジネスになりません。でも、3500円をいきなり8000円にするわけにはいきませんよね。

▶ どうしたのでしょうか？

　原料の質を高めるだけでは値段は倍にできない。突き破るにはほかの布草履とは違う価値がないといけない。そこで「自分の想像できないところにヒントがあるんじゃないか」と考えました。

　ものをつくるなかで僕が知らないこと、つまりデザインです。そんなとき、カタログの作成を依頼していたデザイン会社の人から、「ブランディングからやりませんか」という提案があったのです。

▶ デザインを磨くことで商品価値を高めようと考えたのですね。ブランディングはまずどこから着手しましたか。

　まず室内履きに8000円という値付けがあり得るのかを調べたところ、40代の独身女性が室内履きに年間5000円かけるというデータを見つけました。

　ニット草履は洗えるし、2〜3年使えるなら8000円でも買ってくれるかもしれない。40代女性が好きなデザインといえば、北欧テイストではないかという話になりました。

　そこで、メリヤスの「MERI（メリ）」の「E」に上にウムラウト（横並びの‥）をつけて、北欧風のネーミングにすることを決めました。さらに、「Anne（アンネ）」、「Hans（ハンス）」、「Tove（トーベ）」、「Ellen（エレン）」などのデザインのカテゴリーを設けました。例えば「アンネ」だったら、「洗練されたおしゃれを楽しむ女の子をイメージ」と言った具合です。そこまでをデザイン会社に整理してもらい、方向性が決まるとアウトプットの形も見えてきました。

職人育成、海外拠点で生産性アップ

▶ いよいよ本格的にブランドが始まるわけですね。事業はすぐ軌道に乗ったのでしょうか。

　いいえ。創業後に2つの壁が立ちはだかりました。ひとつ目は入口＝生産です。ニット草履は、職人1人につき1日2〜3足しか編めません。そして売り物をつくる腕前までになるには、最短でも1年かかるんです。1期生として3人の職人を養成しましたが、それでも1カ月で150足。青森の方にご協力いただいても月産300足が限界です。

　日本ではなかなか職人のなり手が見つからず、それなら海外でつくるしかないと考えました。今はベトナムのハノイに6人の職人がいます。材料を投入してソール部分を送り返しても

2014年にスタートした靴下のブランド「TUTUMU TOKYO 1948」。

らうという仕組みのため、原価としては高くなりましたが、おかげで月1000足ほど生産できるようになりました。

▶ 2つ目の壁は?

2つ目は出口=販路です。とにかく認知度を上げなければと、まずは展示会への出展から始めました。とはいえ、展示会ではゆっくり話ができません。そこで、14年からは展示会シーズンの前に本店で内見会を開催することにしました。展示会前に新しい商品を見られるので、バイヤーの方も先取りができて双方にメリットがあります。

また、展示会と並行して百貨店での催事にも力を入れました。2012〜15年に全国のべ70か所ほど催事に出ましたね。どういう売り場・客層に売れるか次第に分かってきたので、16年からは場所を絞っています。自身のブランドに適した方法は、経験しながら見つけていくしかないですね。

▶ ニット草履をつくり始めた当初から、売り上げはどのくらい伸びましたか?

ニット草履は夏に履くイメージがあるため、冬はどうしても売り上げが落ちます。それなら靴下を履いてもらえばいいと思いつき、14年に「TUTUMU TOKYO 1948」という、指先の割れた靴下のブランドをスタートしました。靴下も合わせて、売り上げは12年の約390万円から17年には約5500万円に伸びました。

▶ この先、どのようなブランドに育てていこうと考えていますか。

14年に墨田区にオープンした本店兼工房ショップの「MERIKOTI」にはメリヤスの編み機を置いています。70年くらい前の機械ですが、日本の昔の機械は丈夫なので、モーター

12 Local Industry

MERI　墨田区・両国　ニット加工

1. 14年に墨田区にオープンした本店兼工房ショップの「MERIKOTI」。2. 両国の本店に置かれたメリヤスの編み機。

やネジを変えるだけで使い続けられます。題して「メリヤス編み機 復活プロジェクト」。墨田区にはメリヤスという地場産業が昔からあったことを見える化して、地域の発信拠点になる。そして新しい商品開発に挑み続ける。それが、ファクトリーブランドとしての役目ではないかと思っています。

オレンジトーキョー株式会社

東京都墨田区亀沢1-12-10 平井ビル1F
http://www.orange-tokyo.jp

2013年に東京都墨田区で創業。ニット草履ブランド「MERI」を12年に立ち上げ、14年に工房兼ショップ「MERIKOTI」(墨田区)と直営店(成田空港店、現在は閉店)をオープン。同年、指割れ靴下のブランド「TUTUMU TOKYO 1948」をスタートさせた。
工房ショップMERIKOTI：東京都墨田区亀沢1-12-10　平井ビル1F
http://www.meri-koti.tokyo

Category 4

Contents
コンテンツを編集する

13 江東区・清澄白河
事務所、飲食、イベント
リトルトーキョー … P. 84

14 台東区・田原町
書店
Readin' Writin' … P. 90

15 足立区・北千住
出版社
センジュ出版 … P. 96

16 台東区・上野御徒町
ウェブ制作
LIG … P. 102

繁華街、宿場町として栄え、古くからの住民も多い東東京には様々な人や情報が集まり、
コンテンツを集積してきました。そのような場所を拠点に、各地に活動を広げ、
コンテンツの編集をしている方々を紹介します。ウェブ制作や出版など、情報を扱う仕事を行いながら、
地元から交流の輪を広げている各社の取り組みを追いました。▶

- 83 -

Contents

13
▶ 江東区・清澄白河
▶ 事務所、飲食、イベント

リトル トーキョー

ビルの2階で開催されている、しごとバーの様子。

余白のある街、清澄白河で実験を続ける「いろいろな生き方、働き方に出会う場所」

株式会社シゴトヒト　代表取締役 **ナカムラケンタ**さん　Kenta Nakamura

いろいろな生き方、働き方に出会える場所「リトルトーキョー」が、
虎ノ門から清澄白河へ移転。
5階建てのビンテージビルを1棟借りして約3倍の広さになり、
求人サイト「日本仕事百貨」を運営する株式会社シゴトヒトの事務所、
ごはん屋さん、バー、イベントスペースと多様に活用され、
たくさんの出会いを生み出しています。

創業のきっかけから東東京で働くことの魅力まで、
シゴトヒト代表のナカムラケンタさんによる率直なお話をお届けします。▶

| リトルトーキョー | 江東区・清澄白河 | 事務所、飲食、イベント |

アイデアは人との対話のなかから生まれる

▶ まず、現在の事業の概要をお聞かせください。

シゴトヒトという会社で「いろんな生き方、働き方を知ってもらう」ことを軸に「日本仕事百貨」という求人サイトを運営しています。日本仕事百貨をベースに、リトルトーキョーという場の運営、シゴトヒト文庫という出版業も手がけています。

2017年4月からは、別会社を立ち上げ「popcorn」という、インターネットを使って誰でも映画館ができるサービスを提供しました。

▶ 様々な事業を展開されていますが、どんなふうに広がったのでしょうか?

数々のご縁や巡り合わせのおかげもありますが、どの事業も、自分でやってみたくて始めていますね。

popcornは、日本仕事百貨の採用面接の会話がきっかけです。面接では採用不採用は関係なく、この人と何を一緒にしたら一番よいかを考えたくて、「今回の応募はひとまず置いて、あなたが本当にやりたいことって何ですか?」と質問しています。そうしたら、2015年7月に面接に来てくれた方が「映画を紹介する仕事をしたい」と話してくれて。究極の映画紹介の手法ってなんだろう?と2人で考えていたら、映画館だと思ったんです。

ただ、設備投資も大変だし、自分で映画館をつくるのはハードルが高い。もう少し調べてみると、劇場ではない場所でも「自主上映」という形で映画を上映できることが分かったんです。ただ、これも費用や手間の面でそう簡単ではない。

面接後、映画に強いクラウドファンディングのプラットフォーム「MotionGallery」を立ち上げた大高(健志さん、株式会社MotionGallery代表)のことが頭に浮かびました。映画を広く見てもらえる機会をつくれないかと彼に相談したことからpopcornが生まれました。すべて権利処理された映画のなかから上映したい作品を簡単に選べますし、何より初期費用はゼロで、入場者数に応じて手数料が発生する仕組みなので、集客や赤字を心配せず上映できるようになりました。

1. 1階は飲食のスペース。2. 昼は定食、夜はアルコールを提供。

いい場所とは、その場で生き生きと働く人がいるところ

▶「誰でも映画館が開けたら」という思いや、自主上映の仕組みに対する疑問は、面接前からお持ちだったんですか?

まったくないです。その場で出てきた問題について考えていたら、誰に相談したらよさそうかとか、こんな会社とつないだらどうかなど、アプローチがふと浮かぶことがあります。日本仕事百貨のインタビューを通して、会社の成り立ちなど深い話まで聞く機会が多かったので、アイデアを形にするための引き出しは増えたかもしれませんね。

▶ 創業時期、きっかけ、苦労した点など、創業当時の詳細をお聞かせください。

2007年に勤めていた不動産会社を辞め、翌年の8月に「日本仕事百貨」につながる求人サイトを立ち上げました。「いい場所をつくりたい」という長年の思いを実現するためです。

学生時代は「いい場所」をつくるために建築を学んだのですが、デザインの力だけでは難しいと考え、不動産の会社に入りました。働く時間は充実していましたが、どこかモヤモヤしていました。本当に「いい場所」って、どん

| リトルトーキョー | 江東区・清澄白河 | 事務所、飲食、イベント |

な場所のことだろうと。

▶ ナカムラさんが考える「いい場所」に答えが出たきっかけはありましたか。

そんな気持ちを抱えながら働いている頃、あるバーに週6日も通っていたんです。なぜこんなに通い詰めているのかと考えたとき、自分が思う「いい場所」の定義が見えた気がしました。その場所に合った人が生き生きと働いている、それがいい場所なんじゃないか。

いい場所を増やすために、人と場所のすれ違いが少なくなるように結びつけたい。そこから、職場をじっくり取材して、応募者自身が働く姿を想像できるような求人サイトをつくろうと考えました。

スタートはひとり。取材して記事を書いて、インターネットで発信という一連の流れを、ひとりで担当しました。当初は実績もなかったので無料で掲載していましたし、何もかも経験がなかったので、周囲は「大変そう」と感じていたかもしれませんが、やりたいことだったから苦労だと思ったことはないです。

そして、2013年に虎ノ門で「リトルトーキョー」をオープンしました。ここでは様々な職業の方が1日バーテンダーとなる「しごとバー」を開いていて、清澄白河に移転してからも続けています。いろいろな生き方や働き方に出会えるバー。これも、私たちが考える「いい場所」づくりのための、ひとつの実験だと思います。

遊びがないと、新しいものは生み出せない

▶ 東東京で創業する魅力ってどんなところでしょうか？

まずは、都内で考えると賃料が比較的安く、広い物件を借りられること。今の5階建ての物件に関しては、大家さんのご厚意もあるのですが、東京の西側で同じ賃料なら5分の1程度の広さになるでしょうね。大きなスペースがあればいろいろなことを試せて、そこが何かを生み出す場所になれると思うんです。街にもまだ余白というか、遊びの部分があるのもいい。余裕のある空気感は、職場にいても感じます。

2階。しごとバーをしていないときの様子。

3階。ミーティングやセミナーなどに利用。

▶ 建物のなかでも感じますか!?

感じますよ。虎ノ門の事務所は木造で落ち着いた雰囲気のはずなのに、周囲が完全にビジネス街だったからか、そわそわしました。今はずいぶんと集中できるようになりました（笑）。じっくり仕事ができるクリエイティブな環境です。コーヒー屋さんが多いのは、単純にいいですね。今日はどこのお店にしようか考えながら散歩するだけで気分転換になります。お寺さんも多いし、清澄庭園でぼーっとするのもいい。ただ、飲食店がまだまだ少ない。24時以降も開いている店が増えたら、もっと面白い街になると思います。

創業したいなら、創業者のそばにいればいい

▶ 創業にあたって、どんな支援を受け、準備をしましたか？

支援も受けませんでしたし、準備もほとんどしませんでした（笑）。ただ、以前からお世話になっていた方にオフィスを間借りさせてもらえたことは、本当にありがたかったです。

あとは、会社員時代からイベントやバーに顔を出して、多くの創業者の話を聞いていました。そのたびに勇気がわいて、自分も何かできると思えたのは、今思うと創業準備だったのかもしれませんね。創業者を支援するためのインキュベーション施設ってありますよね。設備やサポートする環境の充実度も大切ですが、施設に出入りする創業者の思いを、肌で感じる機会を提供できることも大切なことだと思います。衝動は伝染していくので。

▶ 創業の成功確率を高めるポイントってありますか？

失敗を、小さく収めることですね。例えば、ひとりでできるモデルをつくったり、なるべくお金を借りずに済む方法を考えたり。まずは週末起業でもいいと思います。小さく始めて失敗に直面したら、またそこで考えて行動することが大事だと思います。

株式会社シゴトヒト ｜ 東京都江東区三好1-7-14　http://shigoto100.com

求人サイト「日本仕事百貨」をベースに、清澄白河にあるリトルトーキョーという場を通して、多様な生き方・働き方を紹介している。リトルトーキョーでは、様々な職業の方が1日バーテンダーとなり、話しながら飲める「しごとバー」や、様々なイベントを開催。2017年3月にはごはん屋「今日」を曜日限定でオープンするなど、日々実験を重ねている。代表のナカムラケンタの著書に『生きるように働く』（ミシマ社）がある。

Contents

14
▷ 台東区・田原町
▷ 書店

Readin' Writin'

| Readin' Writin' | 台東区・田原町 | 書店 |

新聞記者から書店経営者へ──
セカンドキャリアの築き方

Readin' Writin' BOOK STORE | 店主 **落合 博**さん Hiroshi Ochiai

銀座線田原町駅から徒歩3分。レモンパイで有名な「洋菓子レモンパイ」の並びに、
2017年4月にオープンしたのが「Readin' Writin' BOOK STORE」です。

えんじ色の扉を開けて店内に入るとすぐに、中2階へと続く階段が目に飛び込んできます。
「中2階は、畳敷きのスペースになっています。今はワークショップスペースとして活用していますが、
以前は中2階の棚に絵本をずらりと並べていたので、
絵本専門店だと思っていたお客様も多くいらっしゃいました」と、
店主の落合博さんが教えてくださいました。

落合さんは、新聞社で30余年のキャリアを築いてきたベテラン記者。
定年前に会社を辞め、創業に踏み切った背景には、どのような思いがあったのでしょうか?
真新しい本のにおいが充満する心地よい店内で、落合さんにお話をうかがいました。▶

家族のこれからを考え
創業を決意した

▶ ご自身の経歴を教えてください。

　大学卒業後、1982年に読売新聞大阪本社に入社し、運動部などで7年間記者として仕事をしました。その後1年間、出版社でトライアスロン雑誌の編集者として働き、1990年に毎日新聞に中途入社。運動部のデスクや編集委員、運動部長を経験し、退職前は東京本社で論説委員をしていました。2017年春、58歳のときに毎日新聞を退職して、この店をスタートしたんです。

▶ 定年前に退職して、創業しようと考えたのはなぜでしょう?

　僕には、4歳の息子がいるんです。56歳のときに息子が1歳になり、「定年後も嘱託職員として65歳まで勤め続けたと仮定して、息子はそのとき何歳なんだろう?」と考えました。僕が65歳のとき息子は9歳。リスクは高いけれども、このまま会社勤めを続けるよりは、自

– 91 –

「僕が65歳になったとき、息子はまだ小学生」と話す店主の落合さん。

分で何か始めたほうがいいと思ったんですよね。それで、2015年春から創業の準備を始めたんです。

▶ なぜ書店を始めようと？

それに関しては、なかなかうまい説明ができなくて（笑）。理由のひとつは、昔から本に囲まれた空間が好きだったからです。もうひとつは、趣味で読んできた本や、記者時代の資料本が家にたくさんあったから。「古本屋でもやるか」という軽い気持ちでリサーチを始めたのが、きっかけといえるかもしれません。

▶ どんなリサーチを行ったのでしょうか？

各地の独立系書店に足を運び「実は今度、書店を始めようと思うんです」と言って、店主の方にお話をうかがったんです。
そうしたリサーチの一環で、福岡の「ブックスキューブリック」という書店を訪れたときに、店主の大井実さんから「新しく始めるなら、新刊書店のほうがいい」とアドバイスを受けました。新刊のほうが店に勢いが出るというのがその理由。僕は単純なので「新刊のほうが面白いかもしれない」と思い、本の流通や新刊の仕入れについて調べ始めたんです。

この場所に店を構えたのは偶然が重なったから

▶ 田原町に店舗を構えたのはなぜでしょう？

住まいが墨田区にあり、最初は家から歩いて行ける場所がいいと思っていました。2016年の春ごろから物件を探し始めたんですが、なかなかいい物件が見つからなくて……。同年の10月ごろに不動産会社の担当者から「ちょっと遠いけど、田原町に物件がありますよ」と案内されたのが、この店の並びにある物件だったんです。その時点で半年近く物件探しをしていましたし、2017年の春には会社を辞めようと思っていたので「そろそろ決めなければ」と考えていた時期でした。

古書店を開くつもりだったが、アドバイスを受け、新刊書店へとシフトチェンジした。

| Readin' Writin' | 台東区・田原町 | 書店 |

偶然が重なり、引き寄せられるようにこの場へ。

▶ 結局、その物件は契約しなかったんですね。

　契約前にもう一度物件を見てみようと足を運んだときに、この物件の前を通りかかったら、シャッターがたまたま半分開いていて……。シャッターの下からのぞいたところ、中2階の梁が見えたんですよ。「面白い造りだな」と思いながら、ひと休みするため喫茶店に入ったんです。
　そこで女性のマスターに「今度、書店を始めようと思っているんです」と話したところ、この物件の話になりまして。賃貸物件であることを教えてくださり、「大家さんを知っているから紹介してあげるわよ」と言ってくださったんです。当時契約を考えていた物件より、中2階のあるこの物件のほうが家賃も安く、魅力的に思えたので、こちらを選びました。

▶ 様々な偶然が重なって、この場所に店舗を構えることになったんですね。
　店内を回ると、絵本やカルチャー、女性の生き方などの棚以外に、遊郭に関する棚も設けられていて面白いなと思いました。選書に関して何かこだわりはありますか？

　「浅草」や「東京の東側」という地域性は意識しましたね。記者時代に、吉原にある「カストリ書房」という遊郭専門書店を取材したことがあり、遊郭関連本についてはそちらから仕入れています。
　選書に関しては、大きい書店の真似をしても仕方ないというのが僕の考えです。それから、お客様の先入観を裏切りたいという思いもあります。お客様が10人いたら、10人とも違う印象を抱くような書店をつくりたい。

1. 中2階へ続く階段。店内でワークショップやトークイベントを開催することも。2.「栞文庫」から仕入れている「本好きあるある栞」。

　そういう考え方は、記者時代からの癖のようなものかもしれません。長くスポーツ記事を担当していましたが、例えば同じ野球の試合を取材しても、人とは違う視点を取り入れたいといつも思っていました。環境は変わっても、仕事に向かう気持ちは記者時代からずっと変わっていないのだと思います。

「4S」を強みに、長く愛される店を目指す

▶ 創業して1年経ち、初めて見えてきた喜びや課題はありますか？

　ほかの書店の方から「店を始めると、いろいろな人が来るし、いろいろな物が集まるよ」と聞いていたんですが、それは実感しますね。雑誌やウェブでこの店を知り、遠方から興味を持って来てくださるお客様もいます。
　そうやって訪れてくださったお客様と話すのは、やっぱり面白いですね。でも、1回来てくれた方が、次も来てくれるとは限らない。恐らく7～8割は、1回きりのお客様なんです。リピーターを獲得しないといけないというのが、今の課題ですね。

▶ どういうふうに課題を克服しようと思っていますか？

　イベントを積極的に開催しました。出版記念イベントやトークイベント、コンサート、演劇などですね。イベントにいらしたお客様のなかには「いい店ですね。今度ゆっくり来ます」と言ってくださる方もいます。でも、そのなかでもう一度来てくださるのは、10人中1人いるかどうか……。
　また、活版印刷やスケッチなど、定期開催のイベントも始めました。リピーターというよりも、この店のファンになって、長く通ってくださるお客様が増えればいいと思っています。この間、知り合いの方と話していたときに「この店の強みは"4S"」という話になったんですよ。

Readin' Writin' | 台東区・田原町 | 書店

▶ 4Sとは？

> SLOW：時間をかけて
> （買い取りなので返品はできない）
> SMALL：小さな場所で
> （自分の目が届く範囲で）
> SELECTED：選んだ本を売っていく
> （すべて自分が選書）
> SHORT：長時間労働ではなく
> （家族と過ごす時間を大切に）

　この４つの「S」が、この店の基本です。すべて買い取りで仕入れているので、雑誌など来週には売れなくなってしまう本や、話題の受賞作など来年売れないような本は手に余ってしまいます。ロングセラーになるような本を見極めて、時間をかけて売っていくというのが、Readin' Writin'のあり方なんですよね。

▶ ありがとうございます。最後に、東東京で創業するメリットについて教えてください。

　東東京は、個人店のつながりが強いなと思います。奥浅草や蔵前周辺で知り合った個人店の方が遊びに来てくださることも多いですし、その店の常連さんが来てくださることもあります。どこで人がつながるか分からないというのが、面白いところですね。細いつながりなので、途中で切れてしまうかもしれないし、これから太くなっていくかもしれません。今後どうなっていくかは未知数ですが、この土地ならではのつながりを通じて、何か仕掛けていきたいという気持ちはありますね。

「仕事に向かう気持ちは、記者時代から変わっていません」（落合さん）。

Readin' Writin' BOOK STORE
（リーディン・ライティン ブックストア）

東京都台東区寿2-4-7　http://readinwritin.net

2017年4月創業。約20坪の店内に、児童書や芸能・演芸関係の本、出版・編集にまつわる本、外国人観光客に向けて日本の文化を紹介するガイド本などをそろえている。中2階に畳敷きのワークショップスペースを設け、1階ではトークイベントなどを随時開催。店主は元新聞記者であり、記者歴30余年のキャリアを活かして、ライティングの個人レッスンも受け付けている。

- 95 -

Contents
15
▶ 足立区・北千住
▶ 出版社

センジュ出版

バリキャリ編集者が一転、
6畳2間の極小出版社を立ち上げた理由

| 株式会社センジュ出版 | 代表取締役 吉満 明子 さん　Akiko Yoshimitsu |

下町情緒あふれる足立区千住の路地にたたずむ、古びたアパートの2階。
ちゃぶ台の置かれた6畳ほどの和室に並ぶ数十冊の本、コーヒーと焼き菓子。
ここは、街の小さな出版社「センジュ出版」が開くブックカフェです。
代表の吉満明子さんは、ブックカフェを訪れた人との会話を楽しみながら、
隣接する事務所で書籍の編集や街のイベント企画を手がけています。

以前は出版社に勤め、バリキャリ編集者として働いていたという吉満さん。
なぜ千住で出版社を興すことになったのでしょう？
創業ストーリーを教えていただきました。▶

| センジュ出版 | 足立区・北千住 | 出版社 |

6畳の和室スペースにカフェを併設。読書会やイベントなども行う。

「大事なものを失っているのかも」

▶ 現在の事業概要を教えてください。

まずは、書籍の企画編集と出版です。これまでに俳優の斎藤工さんに推薦いただいた『ゆめの はいたつにん』(教来石小織著／3刷)、詩人の谷川俊太郎さんに推薦いただいた『いのちのやくそく なんのためにうまれるの?』(池川明・上田サトシ著／3刷) などの本を出版しています。

次に、千住の企業や商店街などのPRやイベント企画。200年前の催しを現代に蘇らせた「千住酒合戦200」、紙で人とまちをつなげる「千住 紙ものフェス」といったイベントを地域の皆さんと一緒に運営してきました。

また、事務所にはブックカフェ「book cafe SENJU PLACE」を併設しています。ハンドドリップコーヒーと焼き菓子、そして数十冊の本をご用意してお客様をお迎えし、レンタルスペースとしてもご利用いただいています。

▶ いつ頃、どのようなきっかけで創業したのでしょうか？

創業したのは2015年9月です。創業前は、編集プロダクションの仕事や出版社の立ち上げを経て、スターツ出版書籍編集部の副編集長として、文庫事業のプロジェクトリーダーとして働いていました。

当時好きだった言葉は「弱肉強食」です

（笑）。今の姿からは想像できないかもしれませんが、ヒョウ柄の服を着て、ハイヒールを履いて、つけまつげにネイルもバッチリでした。

転機になったもののひとつは東日本大震災です。あの日の帰り道、隅田川の橋を越えると住民同士が「大変だったね」とお互いをいたわっていました。でも、私はその輪に入れなかった。ずっと仕事漬けで、街にどんな人が住んでいるか、どんなお店があるかも知らなかったんです。

「私は何か大事なものを失っているのかもしれない」と思い、もう少し地域に関わりたいと思うようになりました。それから、「自分が死んだ後も残るような仕事がしたい」とも考えるようになったんです。その頃、編集長にもなり、少し業務内容が変わっていった頃でしたので、そうした考えも頭によぎったのだと思います。

「二軍落ち」から地域の魅力に気づく

もうひとつの転機は妊娠・出産です。子どもという存在ができて、仕事一辺倒というそれまでの働き方や脳の使い方ができなくなった。最初は「二軍落ちしたな」と思いました。

その後、少しずつ母になる自分を意識することができてきた産休中、平日の日中に千住の街を歩いてみると、商店街が驚くほど元気で魅力があって。編集者として、住民目線で見た千住の豊かさ、面白さを、いつか地域内外の人に伝えたいと思うようになりました。

育休が明けて1年は職場復帰して時短勤務していましたが、仕事と子育てを両立するため

出版社に併設されたカフェで出している焼き菓子。

| センジュ出版 | 足立区・北千住 | 出版社 |

に職場と家の距離を近くしたいという想いも募り、家から5分の場所に事務所を構えて独立しました。

目の前の一人ひとりを大切に

▶ 創業にあたってはどんな準備をしたのでしょうか。また、支援は何か受けましたか？

事務所兼ブックカフェのリノベーションには150万円かかりましたが、それは手持ちの資金で対応できました。ただ、本の製作原価が残らなかったんです。そこで、地元の信用金庫さんから200万円借り入れました。そのときお世話になったのが足立区の創業支援制度です。担当者の方に熱意を伝えると共感してくださって、審査を通すための事業計画書の書き方など、とても親身に相談に乗ってくれました。

▶ 事業を続ける上で大事にしていることはありますか？

ひとつひとつに嘘をつかず、誠意を尽くすということでしょうか。例えば、集荷や配達に来られる宅配業者さんも、たくさんお金を使っていただくお客さんも、センジュ出版にとっては大切な人に変わりありません。明日センジュ出版の本を買ってくれるかもしれないし、誰かにセンジュ出版の話をしてくれるかもしれません。

15　Contents

吉満さんが編集し、センジュ出版で刊行した書籍。2018年9月時点の最新刊は、書き下ろし長編小説『ハイツひなげし』（古川誠著）。

そういう緊張感をいつも忘れないようにしたい。私たちのような小さな出版社は、目の前の一人ひとりを大事にしないといけない。そう思っています。

千住で仕事をしてきて感じているのは、「都心にいないと仕事が来ない」というのはもう古い考えなんだな、ということ。だから、「自分が選んだ場所を等身大で楽しんでほしい」とお伝えしたいです。

自分が選んだ場所で根を張る

▶ 最後に、東東京で創業したい人に向けてメッセージをお願いします。

私自身は事務所を地域に開いたことで様々な人と出会えましたし、それが仕事にもつながりました。足立区がPRを後押ししてくださったこともあり、メディアにも何度も取り上げてもらっています。地域の方々のご協力がなければ、センジュ出版という小さな出版社の存在をこんなに多くの人に知ってもらうことはできなかったでしょう。

地元神社の境内で行われている「千住 紙ものフェス」。

センジュ出版　東京都足立区千住3-16 2F　http://senju-pub.com

書籍や雑誌の企画・編集・製作、および出版・販売を手がける。刊行物に『ゆめの はいたつにん』『いのちのやくそく　なんのためにうまれるの?』『子どもたちの光るこえ』『千住クレイジーボーイズ』など。200年前の催しを現代に蘇らせた「千住酒合戦200」や、紙で人と街をつなげる「千住　紙ものフェス」など、街に根ざしたイベントを企画・運営。

book cafe SENJU PLACE：センジュ出版内にある、コーヒー・紅茶と焼き菓子のあるカフェ。センジュ出版の本やおすすめの本、作家さんの作品などの雑貨を販売。カフェ内の本は、販売品以外は読み放題(不定休のため、営業時間は要問い合わせ)。http://senju-pub.com/shop

Contents

16
▶ 台東区・上野御徒町
▶ ウェブ制作

LIG

「全世界70億人のLifeをGoodに」。
台東区のウェブ制作会社の成長エンジンとは？

株式会社LIG　　代表取締役 吉原 ゴウ さん　Go Yoshiwara

ある時は、社員採用のために社長が砂浜に埋まり（!?）、またある時は、社員が地方に移住したり、世界一周の旅に出かけたりしながら、思いもよらない新規事業を立ち上げてしまう。
そうして、つねに業界の注目を集めているのが株式会社LIGです。

LIGは2007年の創業以来、"台東区のWeb制作会社"という看板を掲げながら、最近では全国・海外での店舗出店や、教育事業、地方創生事業の立ち上げなど、ひとつの場所・ひとつの領域に縛られない多角的な発展を続けています。

こうした成長を後押ししてきたものは何なのか？
そして長年事業を行う中で感じている東東京でビジネスを行うメリットとは？
代表取締役の吉原ゴウさんにお話をうかがいました。▶

「ウェブ制作会社」でも、事業領域の制限は一切なし

▶ LIGのHPでは以前から「台東区上野のウェブ制作会社」とアピールされていますが、最近はウェブ以外の事業も様々に展開されているようですね。

そうですね、ウェブ制作事業から始まり、LIGブログという自社メディアを活用したプロモーションやマーケティングなどを行う事業ができ、そこからコワーキングスペース「いいオフィス」を立ち上げたんですね。これが現在、東京・上野と広島、それにフィリピンのセブ島に展開しています。その次につくったのがゲストハウス「LAMP」。長野県の野尻湖からスタートして、今では大分県豊後大野市と長崎県壱岐市にも出店しています。

▶ 日本全国で、リアルな「場」の提供やサービス業を展開されているのですね。

最近では、飲食店もいくつか立ち上げまして。京都にイタリアンバル「IL LAGO」、東京の御徒町に鯛茶漬け専門店「鯛茶STAND」とウィスキーのテイスティングバー「Whisky STAND」をそれぞれオープンしました。セブ島の「いいオフィス」の隣でも「MOTOKEYS」というお店を運営しています。

あとは教育事業。「いいオフィス」に併設した英会話教室「START-UP ENGLISH 上野校 by LIG」や、デジタルハリウッドさんとタッグを組んだウェブクリエイタースクール「デジタルハリウッドSTUDIO 上野 by LIG」を運営していて、2018年5月には池袋校も開校しました。どのスクールにもたくさんの生徒さんが足を運んでくれています。

▶ こうした事業の多角化は、創業当時から考えていたのでしょうか？

いや、一切考えていなかったですよ（笑）。ただ、僕らが実現したいことは「Life is Good」で、最終目標は「全世界70億人のライフをグッドにしよう」という、ものすごく広がりのあるもの

1. 創業時代のエピソードを語る吉原社長。2. 本社がある上野のビル内につくったコワーキングスペース「いいオフィス」（p.102〜106の写真はオフィス移転前）。

なんですね。だからこそ、「LIGはこれをやります」という制限は設けていないし、事業に広がりが出てきたのは当然だと思っています。でも、これもまだまだ成長の途中という感じです。

創業の舞台は、隙間風が吹く入谷のアパート

▶ 吉原さんはもともと2007年に台東区の入谷で創業されたそうですね。

そうです。25歳のときに幼馴染みのづや（現LIG取締役の高遠和也さん）を誘って、2人で「アストロデオ」というウェブ制作会社を立ち上げました。最初のオフィスはサッシがぐらついていて、窓を閉めても1cmくらい隙間ができてしまうような、そんな古いアパートの1室でした。

▶ なぜ、創業の場として台東区を選ばれたのでしょうか？

上野オフィスの様子。数名で集まって作業できるオープンなスペースがある。

僕もづやも地元は長野県の野尻湖の方なのですが、僕の母方が100年ぐらい続く浅草生まれ浅草育ちの家系でして。そのつながりで、僕自身も17歳で上京してからずっと浅草で暮らしてきたんです。

▶ 生まれたときから台東区と縁があったわけですね。

独立にあたって、オフィスは必要だろうと。当時は物件の探し方も分からなかったのですが、人混みや満員電車が大嫌いだったので「家から自転車で通える場所がいい」と考えて、入谷のアパートにたどり着きました。

そこから1～2年でメンバーも増えて手狭になってきたので、合羽橋商店街のほうにオフィスを移転して。その頃、会社としてもアストロデオから現在の「LIG」として再スタートを切り、さらにまた組織が大きくなったタイミングで上野に移転してきた、という感じですね。

営業は苦手。だから「自分たちなりの情報発信」に力を入れた

▶ 数年ごとにオフィスの拡大移転を繰り返してきたということは、創業当初から比較的順調だったのでしょうか？

当初は予算3万円ぐらいの案件など小さな仕事もしていましたが、問い合わせはたくさんもらっていました。社員も2人だけだったし、"食うに困る"みたいなことはなかったですね。

| LIG | 台東区・上野御徒町 | ウェブ制作 |

ウェブ制作で受賞した賞状の数々。その下にはスタッフが使っているスケートボードが置かれている。

▶ **かなり営業などに力を入れていたのですか?**

いや、そもそも営業活動はあまりやりたくないし、向いていないなと感じていました。かといって特に何かコネがあるわけでもない。今思えば、どうしようもない状況ですよね。ただ、その一方で、独立前から個人的に面白ブログを運営していまして、自分たちなりの表現を世の中に出し続けていれば、こちらに興味を持ってくれる人がいるのは実感していました。

そこで、アストロデオ時代に最初にとった営業戦略が、とにかく思いついたウェブサービスを片っ端からつくりまくること。サービスを高速でリリースしては開発の経緯や技術的考察をブログに書いて拡散させていき、様々な人に使ってもらう。その繰り返しで知名度を上げていったんです。

▶ **積極的に情報発信をする、というのは現在のLIGブログにも通じるものがありますね。**

おっしゃる通りです。LIGブログはオウンドメディアという言葉もない時代から10年以上やり続けてきました。LIGブログの基本設計は、僕らのやり方とか生活スタイル、社員が学んだ知識や経験を発信することで、社外の人に興味を持ってもらい、「わざわざ仕事を頼みたい」「わざわざオフィスに行ってみたい」と思ってもらおうというものです。

実際、こうしたメディアを通して多くの人に会社を認知してもらえると、何をやるにしても楽です。新規営業にしても、採用にしても、「あ、ブログ見てますよ」と言ってもらえて、スタートの時点から違う。ですから、会社の成長にも大きく影響しているなと思います。

上野は、「地方」にも「世界」にもつながるターミナル駅

▶ 創業から一貫して台東区にオフィスを構えてこられたわけですが、東東京でビジネスを行うメリットはどんなところにありますか？

正直、当初は「何が何でも台東区！」という思い入れはなかったんです。

とはいえ、アクセスの面で言うと、「なんで上野にもっと会社ができないんだろう。台東区、頑張ろうぜ」って思っていますよ。

上野駅は都心の人だけでなく、千葉・埼玉方面からも通いやすいので、採用時のメリットにもなります。それに、東北や北陸方面への新幹線も出ていて、京成上野駅からスカイライナーを使えば成田空港も一本で行けてしまう。新宿あたりにも負けないターミナル駅なわけです。僕自身、ゲストハウスのある長野県などへの地方出張や、セブ島をはじめとした海外出張も多いので、上野は本当に便利ですね。

▶ では、最後に創業を検討中の方々にメッセージをお願いします。

僕は「起業準備」なんていらないと考えているんですね。準備なんてしている暇があれば、まずやればいい。なぜかというと、準備って終わりがないんです。だから、まずはできる範囲で動いてみること。リスクなんて考え出したら、きりがないです。まずはやる、今すぐやる。

「起業」に制限なんてないですからね。「これで仕事を取るんだ」「これを売るんだ」と言えるものがあれば、まずは行動してみてください。ホント、僕のインタビューなんて読んでいる場合じゃないですよ！

「台東区に貢献していると思いますよ」という吉原社長。

株式会社LIG
東京都台東区小島2-20-11 LIGビル（2018年10月末より） https://liginc.co.jp

ウェブ制作会社として2007年に創業。現在では海外を含めた複数の拠点を持ち、多数の事業を展開。社名の由来でもある「Life is Good わくわくをつくり、みんなを笑顔にする」という理念を掲げ、自分たち、ひいては誰かの「LifeをGoodにする」ために「わくわく」することならば、あらゆることに挑戦し続けている。

STARTUP GUIDE BOOK IN EAST TOKYO

東東京で起業するための
ガイドブック

① イッサイガッサイ・メンバーが語る東東京 … P. 108
② 創業支援施設・シェアオフィス … P. 114
③ シェアスペース … P. 120
④ 創業支援相談窓口（東東京）… P. 122
⑤ 創業支援ウェブサイト（助成金情報含む）… P. 122
⑥ 地域産業を知ることができるイベント … P. 123
⑦ 東東京MAP … P. 124
⑧ イッサイガッサイについて … P. 126

① イッサイガッサイ・メンバーが語る東東京

天然の創業地帯、東東京の立役者たちと考える「顔が見える商い」

　東京23区の東に位置する台東区、墨田区、江東区、足立区、荒川区などの一帯は、もともと商業や文化で栄え、手工業や製造業も多い地域です。最近では、アトリエや店舗を構える方々が増え、ものづくりの街としても注目を集めています。

　そうした街づくりの立役者のひとりが、ファッションデザイン関連創業支援施設「台東デザイナーズビレッジ」の鈴木淳村長です。2016年に、鈴木村長は、仲間と一緒に創業支援ネットワーク「Eastside Goodside（イッサイガッサイ）東東京モノづくりHUB」をスタートしました。

　ここでは、東東京10年の移り変わりと「顔が見える商い」について、鈴木村長とイッサイガッサイのメンバー、今村ひろゆきさん（まちづくり会社ドラマチック）、有薗悦克さん（co-lab墨田亀沢:re-printing）、小林一雄さん（ベンチャーステージ上野）にお話をうかがいました。

——東東京が現在のような姿に変化してきたのはいつ頃からでしょうか？

鈴木　東東京の変化は、台東区南部から始まりました。きっかけのひとつとなったのは、

STARTUP GUIDE BOOK IN EAST TOKYO

鈴木 淳

すずき・じゅん 「台東デザイナーズビレッジ（デザビレ）」インキュベーションマネージャー。14年間で、支援したクリエイターやデザイナー86組が卒業し、4割が台東区内にショップやアトリエなどをオープン。デザビレは毎年10月に入居申請を受け付ける。

創業支援施設「台東デザイナーズビレッジ」（デザビレ）の開設1周年で企画された、施設公開イベントではないでしょうか。

デザビレは、2004年に旧台東区立小島小学校の校舎に開設した施設で、地域に昔からある施設を活用したので、地元の人から「クリエイターがどんな仕事をしているのか見たい、知りたい」という声をもらったんです。これは一種の文化祭。毎年続けて、徐々に地元の人たちが集まるようになり、仕事場を見ながらの交流を喜んでくれました。

デザビレは、創業5年以内のクリエイターを3年間支援して、独立できるように応援する施設なので、卒業したクリエイターの多くは、台東区内でショップをオープンしていきました。

せっかくだったら、デザビレを見に来てくれた人に、卒業生のお店も見てほしいと思い、施設公開イベントの会場を施設の外へ広げることにしたのです。

台東デザイナーズビレッジが、台東区南部の地域とつながり始めた頃、台東区北部でも、地域のつながりを生む別の芽が育ってきていました。

縦のつながりを横につなげる動き

——台東区北部ではどんな動きがあったのですか？　今村さんは、浅草でまちづくり事業を起こしたいと考えていたそうですね。

今村　当時の浅草には、靴、金具、革といった組合の、縦のつながりはありましたが、業種をまたぐような横のつながりはなかったんです。隣り合う墨田区は、まちづくりの歴史が深く、濃いつながりがあって、僕のまわりの人たちは、どこかそれをうらやましく感じているようでした。

ここでなら、まちづくりを仕事にするチャレンジができるかもしれない。自分の価値を発揮できるかもしれない。そう思ったんです。2010年、1軒の旧サンダル屋で浅草をつなぐ交流空間「LwP asakusa（ループ・アサクサ）」をつくりました。日替わりオーナーによるランチタイムや、浅草の面白い人をゲストに招く夜のイベントを企画して、LwP asakusaは台東区北部に横のつながりを生んでいきました。

こうして台東区全域に、横のつながりをつくるプロジェクトがそろい、加速していったのです。

- 109 -

イッサイガッサイ・メンバーが語る東東京

今村ひろゆき

いまむら・ひろゆき　まちづくり会社ドラマチック代表社員。クリエイター向けに場の運営を通して、活動支援をする。主なプロジェクトにシェアアトリエ「インストールの途中だビル」「reboot」、現代の公民館「SOOO dramatic!」、フューチャーセンター「ならしのスタディーズ」など。

　2011年、台東デザイナーズビレッジの施設公開は、デザビレ卒業生や旧小島小学校出身の社長たちが加わり、台東区南部のものづくりを見て歩く「モノマチ」という地域イベントに成長します。1年目は16社だった「モノマチ」の参加企業は、半年後の2回目に60社へと増えました。同じ頃、台東区北部でも、ものづくりを披露するイベント「浅草エーラウンド」が誕生しました。

　その後も「モノマチ」の参加企業は増え、3回目に120社、4回目に250社に上りました。現在、台東区全域は、墨田区にも負けず劣らず、人のつながりがある地域になりました。

問屋や工場、職人と一緒につくる文化

――歴史ある問屋・工場エリアだった東東京に、台東区北部と南部、それぞれの動きで「人のつながり」が生まれました。そんな地域の現状を教えてください。

鈴木　一言で表現すると、「等身大でものづくりする地域」になりました。台東区で自分のブランドショップやアトリエをオープンしたクリエイターの多くは、身の丈にあったものづくりをして、人のつながりを活かして販売しています。

　どこかから仕入れた商品をただ並べるだけではなく、昔からこの地域にいる問屋の素材や工場の職人と一緒につくる。だから、商品にどこの誰が関わっているのか、店頭を通じてお客さんに伝えることもできるのです。

――「顔が見える商い」ですね。ものの先にいる人を連想することができる、地域全体にストーリーが生まれているように感じました。

今村　「等身大でつくる地域」を踏まえると、「挑戦しやすい」ということもキーワードとして挙げられます。例えば墨田区には、格安の家賃で、1階をカフェに、2階を住居にDIYで改修して、自分らしい人生を歩み始めた人がいます。まるで地方都市で創業するように、東京で自分の仕事をつくっていけるんです。

鈴木　また、ものづくりを体感できるお店が増えてきて、それを目当てに訪れるお客さんが多くなったので、さらにつくる姿勢が鍛えられる環境にもなりました。

　一方で、昔からつくり手を受け入れてきた材料屋さんや道具屋さんも多いため、新しく始めた人たちに、アドバイスしたり、お節介

で助ける空気もあります。

東東京に自分でものづくりを
体験できる店も増えている

——自分の好きな仕事を始めやすく、磨いていける状況までそろっているんですね。そんな地域で、代表的なお店を挙げるとしたら、どちらですか?

鈴木 たくさんありますが、しいて挙げるとしたら、カキモリ (p.60) やMAITO/真糸 (p.36) です。カキモリでは、お客さん自身が自分の好みに合わせて1冊ずつノートをつくることができます。MAITO/真糸は、お客さんがオリジナルのストールを染められるワークショップもしているお店です。買う人も参加できるものづくりが生まれています。

今村 ものづくりだけでなく、僕のように場づくりをしている人たちにも素敵な人がいますよ。
　谷中にある文化複合施設「HAGISO」(p.12) は、建築家の宮崎晃吉さんが学生時代を過ごした築60年の寮を残したくて、大家さんと相談して生まれた施設です。
　HAGISOに遊びに寄ると、宮崎さんのご家族を見かけることもあって、運営する人の暮らしまで感じられます。
　そんな3組のように、この地域には、「顔が見える商い」が増えています。商品にストーリーや人の思いをこめた商いを、長く続けていきやすい地域になりました。

鈴木 リーマンショックや東日本大震災を経て、買い物するだけではなく、ものをつくる人やその背景への関心や、ものづくりへの参加意識が高まるなか、この地域はそれに応えることができるようになってきました。
　つくる人の顔が見えて、なぜつくっているのか知ることができて、地域を楽しむことができるのです。

台東区の外にいる人の創業支援も
したかった

——時代の流れとも重なって、買い物を介した、人と人とのつながりを生む文化も育ったんですね。
　誰に命令されるわけでもなく、自分にあった仕事で創業できて、お客さんと思いでつながる商いができる。東東京が、そんな素晴らしい地域に変わった今、あえて、イッサイガッサイを始めたのは、なぜですか?

— 111 —

イッサイガッサイ・メンバーが語る東東京

小林一雄（P. 113写真／左）

こばやし・かずお　メトロ設計株式会社代表取締役。地下鉄の調査、測量、設計を行う会社「メトロ設計」の建物内に2004年「ベンチャーステージ上野」を開設。台東区入谷を舞台に創業支援に取り組んできた。東京都産業労働局認定インキュベーション施設。

有薗悦克（P. 113写真／右）

ありぞの・よしかつ　株式会社サンコー取締役社長。墨田区亀沢の印刷会社「サンコー」の建物内にシェアオフィス「co-lab墨田亀沢:re-printing」を設立。印刷工場＋シェアオフィスという環境で、職人とクリエイターの出会いを生み、新しい印刷をつくる。

鈴木　いくつか目的はありますが、きっかけは、台東区内にとどまっている人のつながりを、外にも広げたいと思ったからなんです。東東京には、台東区や墨田区以外にも、江東区、足立区、荒川区といった面白い街があります。それぞれとつながって区内の盛り上がりを外に伝えたり、区外の面白い人とつながったりしたいと、今村さんと一緒に開いた飲み会が、最初のイッサイガッサイでした。

今村　幹事を各地域の持ち回り制にして、それぞれの人が紹介したい人を呼んで、つながりを広げていきました。「co-lab墨田亀沢:re-printing」の有薗悦克さんと、「ベンチャーステージ上野」の小林一雄さんにも幹事に加わってもらい、今の中心メンバーがそろいました。

有薗　2016年に、東京都がものづくりによる創業支援チームを公募していることを知り、おこがましいですが、「僕たち以外にできる面子はいない」と思って手をあげました。それが転機になって、イッサイガッサイは今のような創業支援ネットワークになりました。

鈴木　台東デザイナーズビレッジへの入居倍率は平均6倍で、1組受かっても5組は落ちてしまいます。でも、せっかく面接で話を聞いたのだから、その5組もサポートしたいと

思っていました。

また、台東区の施設なので、区外の人から相談を受けても、サポートすることが難しく、もっと広い範囲でクリエイターを応援したかったんです。

――現在、イッサイガッサイでは、どんな活動に取り組んでいますか？

小林　創業準備期の人を対象にした創業スクールや、自分の活動を発信したい方向けのライター・カメラマンによる書き方・撮り方講座、創業者の経験談を聞くセミナー「Speak East」を開催しています。

また、創業初期の人には、事業アイデアを固める個別相談会や、商品販促に関係するアドバイス、カタログやチラシの作成サポートもします。

事業の成長段階では、東東京の工場やクリエイターとつながる機会の提供と、ショップやアトリエの開店に向けた不動産情報の提供もしますよ。

――台東区から始まった、東東京の新しい変化にぴったり合った支援がそろっていますね。地域の外にいる人でも、自分の好きなことで、

STARTUP GUIDE BOOK IN EAST TOKYO

greenz.jpのインタビュー記事より引用。
本書編集部で再構成
https://greenz.jp/2017/09/14/
taito_designers_village

聞き手：新井優佑（greenz.jpシニアライター）
文：新井作文店
撮影：吉田貴洋

「顔が見える商い」を始める、スタートラインにつけそうです。

**これから東東京に来る人と
どんな地域をつくりたいか**

——皆さんは、これからイッサイガッサイとつながって、「顔が見える商い」を始めたい人たちと、東東京をどんな地域にしていきたいですか？

鈴木　新しい文化やコミュニティ、世界に発信できる新しい事業が生まれてくる、そんな予感がする地域にしていけたらいいなと思っています。

でも、自分の夢や好きなことをかなえて食べていきたい人は、アルバイトを掛け持ちしたり、苦労したりしている人も多いですし、独立すると会社のように先輩が教えてくれることもありません。そんな人たちをイッサイガッサイでサポートして、夢をかなえる応援をしたいと思います。

有薗　僕や小林さんは地域の企業の3代目で、職人さんのすごい技術を知っています。
でも、下請けとして磨いてきた技術だから、新しい使い方を見つけられずにいることが多

くて。新しく入ってくる人たちのアイデアで、そんな技術が活かされないかな、と思っています。

小林　職人さんの技術には、仕事に対する魂や思いがこもっています。それは目に見えない価値だから、新しい人と一緒に残していけたらうれしいです。ここに来れば、古き良き技術も、最新の技術も、どちらもそろっていますよ。

今村　そうですね。僕自身は、まちづくりを仕事にしたいと思ってここにきました。最初、すごく悩みながら、自分の力を発揮できる仕事をつくろうと頑張っていて、やっとかなったのが東東京でした。

ここは、僕みたいに好きな仕事を始める人の背中を押してくれる地域です。だから、みんなもここで、もっと好きなことをやったらいいのにって思います。

東東京にはいろんな人がいて、若い人も、おじちゃんも、ごちゃまぜのカオス。そんな多様性をずっと受け止めていられる地域を、これから来る人たちと一緒につくっていきたいですね。

② 創業支援施設・シェアオフィス

創業支援施設　　　　　　　　　　　　　　　　　　　　　台東区・新御徒町

台東デザイナーズビレッジ

　ファッションや雑貨、デザイン関連ビジネス分野での起業を目指すクリエイターを支援するため2004年4月台東区によって旧小島小学校のレトロな校舎を活用して設立された。
　ファッションやデザインの分野で創業を予定、もしくは創業5年以内の個人や法人を対象に毎年秋に入居者を募集する。
　入居後は事業が軌道にのるよう、様々な支援、アドバイスを行っている。現在では、全国から入居希望者が集まる人気の施設となっている。

　村長による個別事業相談に加え、セミナーや産地見学ツアー、販売会、施設公開などのイベントもあり、地域との交流機会も提供されている。さらに入居者や、卒業生、産業界とのネットワークができることも魅力。
　過去80組以上の卒業ブランドが輩出されて、ファッション業界を中心に活躍している。卒業後は台東区に店舗をオープンすることも多く、カチクラ（御徒町・蔵前）と呼ばれる周辺地域はクリエイターと職人が集まるものづくりの街として注目されている。

STARTUP GUIDE BOOK IN EAST TOKYO

施設使用料は20㎡で月額2万9000円、40㎡で4万3000円。自分だけのアトリエが持てる。ショールーム・制作室・会議室・図書室などが追加費用なしで使用可能。

【入居申請時期や方法など】

申請時期：毎年9月頃募集要項発表、10月申請受付、翌年4月入居。

入居対象：ファッション関連産業およびデザイン・コンテンツ関係のクリエイター。もしくはそれらを支援する業務を行うもの。その他応募要項参照。

入居期間：3年以内。ただし1年後に事業計画の進捗状況を確認の上、入居更新の可否を決定。

申込み方法：申請書を提出の上、一次審査（書類）、二次審査（面接）、最終審査（審査会）を経て入居可否を決定。

台東デザイナーズビレッジ

所在地 東京都台東区小島2-9-10
最寄駅 新御徒町駅（つくばエクスプレス、都営地下鉄大江戸線）
Tel. 03-3863-7936（平日9時~17時）
Email info@designers-village.com
その他、問い合わせについてはHPで確認
Web http://designers-village.com

創業支援施設・シェアオフィス

コワーキング & シェアアトリエ　　　　　　　　　　　　台東区・入谷

reboot／ベンチャーステージ上野

　2014年3月に東京都台東区下谷に誕生。ひとつのビルのなかに、つくる人のためのコワーキングスペース兼シェアアトリエ「reboot」（2階）、ベンチャー企業の成長と価値創造を支援する起業家向けシェアオフィス「ベンチャーステージ上野」（4、5、7階）、イベントなどができるフリースペース「SOOO dramatic!」（1階）があり、様々に活動できるフィールドが準備されている。

　rebootには、ものづくりの作家やデザイナーなどクリエイターが多く、個別ブースやコワーキングで落ち着いて作業することが可能。ベンチャーステージ上野には、士業やベンチャー企業など、本格的にビジネスを展開したい個人や企業が入居している。

　それぞれの施設を同じ経営母体で運営しているため、施設間で活発に交流する機会があるのが特徴。異業種が交流することによる連携、相乗効果が期待でき、仕事のシェアは年間数百万円に達したそう。ワクワクするような新しい出会いがある複合施設だ。

STARTUP GUIDE BOOK IN EAST TOKYO

上2点 reboot 内。個室スペースと共有スペースがある。キッチンも併設（左ページ）。
下2点 ベンチャーステージ上野の様子。ビジネス系スタートアップが多く入居。

reboot ／ ベンチャーステージ上野

所在地 東京都台東区下谷1-11-15 ソレイユ入谷
reboot（2F）、 ベンチャーステージ上野（4、5、7F）

最寄駅 入谷駅（東京メトロ・日比谷線）、上野駅、鶯谷駅（JR）

reboot
Tel. 03-6231-7619
Email hello@drmt.info　Web http://www.reboot-iriya.info

ベンチャーステージ上野
Email hello@vs-ueno.tokyo　Web http://vs-ueno.tokyo

- 117 -

創業支援施設・シェアオフィス

シェアオフィス　　　　　　　　　　　　　　　　　　　墨田区・亀沢

co-lab墨田亀沢: re-printing

　インディペンデントに活動するクリエイティブワーカー専用のコラボレーション誘発型シェアード・スタジオco-labとして、2015年にオープン。「ものづくりの職人とクリエイターが出会い、化学反応が起きる場」をコンセプトに、印刷会社のサンコーが、同社工場の上層階に「co-lab墨田亀沢：re-printing」として開設。

　活版印刷機、大型のインクジェットプリンター、オンデマンド印刷機、オフセット印刷機、カッティングプロッターなど、プロ仕様の出力や加工のできる設備が整っている。

　また、印刷加工や製本について相談できる印刷コンシェルジュも在籍し、印刷についての相談や試作をスムーズに行える。また、印刷に限らず、町工場のネットワークも広く、様々な素材への加工も相談可能。

　オフィスには、デスク、ブース、アトリエ（1〜4名用の個室）、フリーデスクがあり、業種に合わせてタイプを選ぶことができる。

　印刷工場に直結した、グラフィックデザイナーにオススメのシェアオフィスだ。

STARTUP GUIDE BOOK IN EAST TOKYO

3階がシェアオフィスで、フリースペースのほか、小規模事務所向けの個室もある。壁面には金属活字が並び、卓上の活版印刷機で活版印刷もできる。オフセット印刷機と大型出力機は同じビルの1、2階に設置されている。

co-lab墨田亀沢: re-printing

所在地　東京都墨田区亀沢4-21-3 ケイエスビル3F
最寄駅　錦糸町駅（JR、東京メトロ半蔵門線）
Tel.　　03-6658-5292
email　　sumida_recept@co-lab.jp
https://co-lab-sumida.jp

③ シェアスペース

オープンタイプ・ものづくりシェアスペース

墨田区・両国

nuuiee

老舗縫製工場が運営するものづくり支援シェアファクトリー。ファッションプロダクトのノウハウと設備を提供することで、プロ・アマ問わず、ものづくりする人をトータルで支援する。

東京都墨田区石原3-12-9
株式会社小倉メリヤス製造所
http://nuuiee.com

台東区・浅草

シェアファクトリー浅草
(武田製靴)

オリジナルの本格的な革靴を作成可能。靴加工のための装置の貸し出しはもちろん、基礎から独立を視野に入れた活動まで、ソフトの面でも応援してくれる。経験者のみ応募可能。

東京都台東区浅草5-41-1
http://www.magical.co.jp/sfa

オープンスペース&個室があるものづくりシェアスペース

中央区・馬喰町

co-lab日本橋横山町: re-clothing

デザイン委託を受けられる機会創出から、メンバーの製品を販売できるよう販路開拓までサポート。ファッションクリエイターの「才能」を「価値」に変えられるプラットフォーム。

東京都中央区日本橋横山町7-14
横山町ログズビル 4.5.6F
http://www.co-lab.jp/base/nihonbashi

千代田区・秋葉原

DMM.make AKIBA

シェアオフィスやイベントスペースなどビジネスの拠点として利用できるBaseと、豊富にそろった本格的な機材でプロトタイピングを可能にするStudioで構成。ハードウェア開発を総合的にサポートするものづくり施設。

東京都千代田区神田練塀町3
富士ソフト秋葉原ビル
https://akiba.dmm-make.com

墨田区・八広

Garage Sumida

3Dプリンターやレーザーカッター、CNC加工機といった最新のデジタル工

作機器を設置。創業前の個人からスタートアップ、大学・研究機関、大手企業に至るまでの製品開発や加工を町工場の熟練した職人が支援。

東京都墨田区八広 4-36-21
http://www.garage-sumida.jp

江東区・テレコムセンター駅

コワーキング・スペース MONO

最新の制作機器を備えた工作室のあるコワーキングスペース。海外企業との連携もあり、ビジネスまで視野に入れた活動が可能。お台場が一望できる。

東京都江東区青海 2-5-10
テレコムセンタービル東棟 14F
https://mono.jpn.com

イベントができる ものづくりシェアスペース

墨田区・亀沢　　　　　　　→p.118 参照

co-lab墨田亀沢: re-printing

東京都墨田区亀沢 4-21-3 ケイエスビル 3F
http://co-lab-sumida.jp

台東区・入谷　　　　　　　→p.116 参照

シェアアトリエreboot

東京都台東区下谷 1-11-15 ソレイユ入谷 2F
http://www.reboot-iriya.info

審査がある創業支援施設

台東区・新御徒町　　　　　→p.114 参照

台東デザイナーズビレッジ

東京都台東区小島 2-9-10
http://designers-village.com

台東区・浅草

浅草ものづくり工房

台東区の運営するものづくり系インキュベーション施設。地場産業である靴、鞄、バッグ、ベルト、帽子、ジュエリー、アクセサリーなどのファッション系ものづくり職人が入居対象。業務用ミシンや靴づくり用の機械が充実。

東京都台東区橋場 1-36-2
台東区産業研修センター
http://monokobo9.com

④ 創業支援相談窓口（東東京）

http://www.tokyo-sogyo-net.jp/soudan

TOKYO創業ステーション

東京都と東京都中小企業振興公社が連携して設立した、起業を身近に感じるための拠点。
東京都千代田区丸の内 2-1-1 明治安田生命ビル低層棟 1-2F
https://www.tokyo-kosha.or.jp/station

創業支援センター事業（日本政策金融公庫）

営業実績が乏しいなどの理由により資金調達が困難な人などに幅広く融資を実行。
東京都中央区新川 1-17-28
http://www.tokyo-sogyo-net.jp/soudan/sogyo_shien.html

東京開業ワンストップセンター

法人設立や事業開始に必要な定款認証、登記、税務、年金、社会保険、入国管理等の各種手続を支援。
東京都港区赤坂 1-12-32 アーク森ビル 日本貿易振興機構（ジェトロ）本部7F
https://www.seisakukikaku.metro.tokyo.jp/onestop/japanese/top

東京都企業立地相談センター

民間協力事業者へ照会し、事業用地・空きオフィス・工場、店舗などの物件情報を提供。
東京都中央区日本橋 1-5-3 日本橋西川ビル9F　https://ilsc.tokyo

⑤ 創業支援ウェブサイト（助成金情報含む）

東京都創業NET　http://www.tokyo-sogyo-net.jp

東京都中小企業振興公社　http://www.tokyo-kosha.or.jp

東京都産業労働局　http://www.sangyo-rodo.metro.tokyo.jp/chushou/shoko/sougyou

東京都中小企業振興公社　助成金事業　http://www.tokyo-kosha.or.jp/support/josei

東京商工会議所　各種助成金の案内　https://www.tokyo-cci.or.jp/shikin/jyosei

イッサイガッサイ　助成金情報　https://eastside-goodside.tokyo/cat-aid

⑥ 地域産業を知ることができるイベント

― 台東区 ―

モノマチ（御徒町・蔵前周辺）

古くから製造／卸の集積地としての歴史をもつ台東区南部・徒蔵（カチクラ）エリア（御徒町〜蔵前〜浅草橋）を歩きながら、「街」と「ものづくり」の魅力に触れるイベント。

日程：毎年5月下旬の3日間
http://www.monomachi.com

浅草エーラウンド（浅草）

革靴の生産出荷額日本一を誇る「革の街」である奥浅草エリアを中心に、普段は非公開の革靴づくりの現場などを巡り、ものづくりのDNAが息づく街の魅力を感じるイベント。

日程：毎年、4月と10月に各3日間開催
http://a-round.info

― 墨田区 ―

スミファ（墨田区一帯）

墨田区の町工場を巡って、職人と話し技術に触れ、ものがつくられていく"現場"を肌で感じることのできるイベント。

日程：毎年11月下旬の2日間
http://sumifa.jp

― 江東区 ―

フカガワヒトトナリ（深川）

森下、清澄白河、門前仲町の深川地区にあるショップや工場が企画したイベントに参加し、地元と触れ合いながら街歩きを楽しむイベント。

日程：毎年11月中旬の土日
http://fkhitotonari.tokyo

⑦ 東東京MAP

本書に掲載した企業、店舗、施設、駅の分布図です。

台東区

01 HAGISO
東京都台東区
谷中 3-10-25
→p.12

02 Nui.
東京都台東区
蔵前 2-14-13
→p.18

04 アッシュコンセプト
東京都台東区
蔵前 2-4-5
→p.30

05 MAITO
東京都台東区
蔵前 4-14-12
→p.36

06 RENDO
東京都台東区
浅草 7-5-5
→p.42

07 Kanmi.
東京都台東区
雷門 1-1-11
→p.48

08 リアライズ
東京都台東区
小島 2-18-15-3F
→p.54

09 カキモリ
東京都台東区
三筋 1-6-2
→p.60

14 Readin' Writin' BOOK STORE
東京都台東区
寿 2-4-7
→p.90

16 LIG
東京都台東区
小島 2-20-11
→p.102

A 台東デザイナーズ ビレッジ
東京都台東区
小島 2-9-10
→p.114

B reboot
東京都台東区
下谷 1-11-15
ソレイユ入谷 2F
→p.116

墨田区

03 muumuu coffee
東京都墨田区
京島 3-50-14
→p.24

12 MERI
東京都墨田区
亀沢 1-12-10 1F
→p.78

C co-lab 墨田亀沢 : re-printing
東京都墨田区
亀沢4- 21- 3
ケイエスビル 3F
→p.118

足立区

15 センジュ出版
東京都足立区
千住 3-16 2F
→p.96

荒川区

10 anima garage
東京都荒川区
荒川 7-34-2
→p.66

江東区

11 GLASS-LAB
東京都江東区
平野 1-13-11
→p.72

13 リトルトーキョー
東京都江東区
三好 1-7-14
→p.84

– 124 –

⑧ イッサイガッサイについて

東東京モノづくりHUB **イッサイガッサイ**

　Eastside Goodside（イッサイガッサイ）東東京モノづくりHUBとは「CREATION IN EAST-TOKYO」を合言葉に、ものづくりが盛んな東東京の「ヒト」と「モノ」と「バ」をつなげて創業者をサポートし、東東京をワクワクする地域に変える創業支援ネットワークです。

　2015年から活動を開始し、現在はメトロ設計株式会社、株式会社ソーシャルデザイン研究所、株式会社ステージアップ、まちづくり会社ドラマチック、株式会社meguri、合同会社SSNの6社で運営。

　今までに行ってきた創業支援活動として、ウェブサイトやSNSでの情報発信のほか、イベントやスクール、交流会などを実施（先輩起業家の仕事場訪問セミナー「SpeakEast!」、個性的なゲストのトークショー「乾杯tonight?」「東東京創業スクール」「デザビレ村長のクリエイター起業塾」など）。

　今回の書籍は、イッサイガッサイのウェブサイトに掲載された情報をもとに新規インタビュー記事や情報を加え、3年間の活動の成果としてまとめたもの。

STARTUP GUIDE BOOK IN EAST TOKYO

運営6社について

メトロ設計株式会社

半世紀以上、地下鉄などの鉄道施設、上下水道、無電柱化など都市のインフラの設計を行う。ベンチャーステージ上野を運営。

東京都台東区下谷1-11-15
ソレイユ入谷 9F受付
http://www.metro-ec.co.jp

株式会社
ソーシャルデザイン研究所

ものづくり事業者や行政、産業団体などのコンサルティングを行う。2004年より台東デザイナーズビレッジのインキュベーションマネージャー業務受託。

東京都台東区小島2-9-10
台東デザイナーズビレッジ村長室内
https://www.social-design.co.jp

株式会社ステージアップ

co-lab墨田亀沢：re-printing運営のための株式会社サンコーの子会社。サンコーの取締役社長、有薗悦克が代表を兼任。

東京都墨田区亀沢4-21-3　ケイエスビル
https://co-lab-sumida.jp

まちづくり会社ドラマチック

「まちの活動人口を増やす」をミッションにシェア型スペース、公共施設、まちづくりの企画運営を行う。reboot、SOOO dramatic!を運営。

東京都台東区下谷1-11-15
ソレイユ入谷2F
http://www.drmt.info

株式会社meguri

インクルーシブな組織を増やすために、業務改善・人財育成コンサルティング、創業支援事業などを行う。

東京都荒川区東日暮里3-20-13
http://meguri.co.jp

合同会社SSN

東京都の女性若者シニア創業サポート事業の地域創業アドバイザーとして、起業家の融資を支援している。

東京都墨田区東向島5-3-2
http://ssn-sumida.com

イッサイガッサイ事務局 （メトロ設計株式会社内）

東京都台東区下谷1-11-15 ソレイユ入谷9F
hello@eastside-goodside.tokyo　　https://eastside-goodside.tokyo

イッサイガッサイ（Eastside Goodside）東東京モノづくりHUB

「CREATION IN EAST-TOKYO」を合言葉に、モノづくりが盛んな東東京の「ヒト」と「モノ」と「バ」をつなげて創業者をサポートし、東東京をワクワクする地域に変える創業支援ネットワーク。2015年より活動を始め、現在は以下の6社で運営している。https://eastside-goodside.tokyo

・メトロ設計株式会社（小林一雄）
・株式会社ソーシャルデザイン研究所（鈴木淳）
・株式会社ステージアップ（有薗悦克）
・まちづくり会社ドラマチック（今村ひろゆき）
・株式会社meguri（杉本綾弓、草野明日香、早野沙織、新宅美恵）
・合同会社SSN（猪田昭一）

「好き」を仕事にする働き方
東京下町のクリエイティブな起業

2018年12月25日　初版第1刷発行

編者	イッサイガッサイ東東京モノづくりHUB
発行者	宮後優子
発行所	Book&Design
	〒111-0032 東京都台東区浅草2-1-14
	info@book-design.jp
	book-design.jp

印刷・製本　望月印刷株式会社

カバー：b7トラネクスト　四六判99kg
表紙：ゆるチップ　ゆき　230g/㎡
本文：b7バルキー　A判52kg

ISBN978-4-909718-01-3 C0030
©Book&Design 2018 Prnted in Japan

STAFF

文章：
飛田恵美子（記事01、15）星野智昭（記事02、10）
佐藤由衣（記事03、04、06、07、08、11、12、14）
太田将吾（記事05、16）岡島梓（記事09、13）

撮影：
イシバシトシハル（p.6–8、記事03、06、09、10、16）
樋口トモユキ（記事07、08、14）
吉田 貴洋（p.9、記事11）

ウェブサイト運営：
樋口トモユキ（ローカルメディア）

装幀：
村手景子（TE KIOSK）

DTP：
磯辺加代子

編集：
宮後優子（Book&Design）